# WHO I AM

## パラリンピアンたちの肖像

編著
木村元彦

大泉実成
黒川祥子
八木由希乃
吉田直人

WOWOW「WHO I AM」プロジェクト

集英社

サフェト・アリバシッチ（シッティングバレーボール）

ベアトリーチェ・ヴィオ（車いすフェンシング・中央）

ザーラ・ネマティ（アーチェリー）

エリー・コール（水泳）

リカルディーニョ（ブラインドサッカー）

# WHO I AM

パラリンピアンたちの肖像

# 序 章

## これが自分だ！
## ――パラアスリートのマインドと身体性に迫る番組の誕生

木村元彦

最初はまったく手さぐりだった。WOWOWがIPC（国際パラリンピック委員会）と組んでパラアスリートたちのドキュメンタリーを制作することになったとき、チーフプロデューサーの太田慎也《おおたしんや》は初動をこう回顧する。

「スポーツ中継もやっていましたし、パラリンピックがトップスポーツだということは十分理解できていましたけれど、最初は感覚的にわからなかったんですね。それでまずは現場を踏もうと思って二〇一五年（七月）のグラスゴーの（障がい者競泳）世界選手権に行ってきたんですよ。その時の取材で、それこそ脳みそがグシャングシャンになるくらい価値観が変えられたんです。どこか障がい者スポーツってレベルが低いんじゃないか、面白くないんじゃないか、と思っていたんですが。何も知らない中で行って感じたのはもう純粋に『すごいな』と。新しい世界に出くわした驚き、本当にそれでした。競技としてファンがいて、応援もちゃんとされていて、これは自分が想像していた障がい者スポーツじゃないな、と。物凄い戦いを目の当たりにして、これはトップアスリートが集う場所でしかないことに気づきました。だからパラスポーツとか障がい者スポーツとかあえて分けて言っている場合じゃないと考えたんです」

グラスゴーで繰り広げられた水の戦いは圧倒的だった。清く正しい障がい者が艱難辛苦《かんなんしんく》の末に栄光を手にする。ドキュメンタリストとしてそんなステレオタイプな描き方をハナからする気は無かったが、そこは想像以上の世界だった。

番組のタイトルはスタッフ間の話し合いで「グレイテスト」もしくは「アメージング」というようなワードが挙げられた。どうアプローチして良いか、模索していく上ではとにかく現場を踏むことが重要だった。

## 「俺の足は鋼鉄だぜ」

グラスゴーから帰国して三ヵ月後。続いてカタールのドーハで行われた陸上の世界選手権に行ったときには、ミックスゾーンで手当たり次第に選手に話を聞いて回った。車椅子の選手、義足の選手、知的障がいのある選手……。通訳を担当したのは入社三年目のプロデューサー、泉理絵《いずみりえ》だった。

泉はグラスゴーで一人の選手に目が釘付けになっていた。短パン、Tシャツの B系ファッションに身を包み、耳にはブルーのイヤホンをさしている。そのヤングアメリカンは、リラックスした面持ちでプールグラウンドに並べてある椅子に腰かけているのだが、お行儀のよろしくないことに前の席に足を投げ出していた。見せつけるようなその義足がアイアンマンのごとく煌《きら》めいている。泉にはそれが、「俺の足は鋼鉄だぜ」と主張しているように見えた。義足は目立たないように肌の色、という概念がひっくり返った。それがルディ・ガルシア・トルソンだった。

生まれ持った脚の障がいのために何度も手術を重ねるが、治療はうまくいかず、ついに五歳にして両足の膝から下を切断する。幼くして両足義足になってしまった。しかし、周囲の憐憫や心配をよそに、即座にその運命を受け入れて、小学校に入ると同時にパラリンピアンになることを宣言した男である。水泳のトレーニングを重ねたガルシアは一六歳で二〇〇四年パラリンピックアテネ大会に出場すると、いきなり二〇〇m個人メドレーで世界新記録を叩き出し、金メダルを獲得。続けて二〇〇八年の北京も二大会連続で世界新記録し、同種目を制した。二〇一二年のロンドン大会では惜しくも二位に終わったが、活躍の舞台を何と陸上競技にも広げて、翌年にフランス・リヨンで行われた世界陸上に出場。走り幅跳びで銀メダルを獲得した。いわば、水陸両用の世界トップクラスのアスリートで、競技自体が異なる正真正銘の二刀流選手である。そのルディが、義足をおしゃれなファッションのパーツにしている。

「自分の内面や本質を隠す文化でなくて、見せる文化、ああ、こういうのが好きだったな」

泉はアメリカ留学時代を思い出していた。会社では、飲み会の度に華麗に盛り上げる性格から、「パーティガール」と呼ばれ、いかにも明るい帰国子女のように見られることが多い。しかし、泉は決して順風満帆で恵まれた学生生活を過ごしてきたわけではない。

## ひとりぼっちだった異国の地

一六歳の時に国際教育交流団体から留学先として割り振られたのが、ミズーリ州だった。内陸中西部のそこは八歳まで両親と暮らしたニューヨークと比べて何から何まで違っていた。指定された地域は日本人どころかアジア系の人々がほとんど住んでおらず、唯一地理的に近いと言われたのが、南太平洋のサモア人のコミュニティであった。ここで泉は、いかに英語が堪能であっても自らの属性から逃れることはできず、自身がマイノリティであることを否が応でも意識させられた。

決まっていたホストファミリーは対面式の日に現れず、他の留学生たちが、親しげに会場を後にする中、ぽつんとたった一人で取り残された。翌日、ようやく現れた家族は全員が一五〇キロを超える体重で、不健康な太り方をしていた。連れて行かれた家は汚れきり、想像を絶するほどに貧しかった。後から指摘されたが、留学生を受け入れることで供給される協力費が目当てだった可能性があった。それでも積極的に交流を図っていたが、数ヵ月後、世話をしてくれた団体のスタッフがいきなりやって来た。そしてこの家庭は問題があるから、すぐに荷物をまとめて出るように言われた。ホストチェンジをすることになったのである。

しかし、また問題が起きる。引き取ろうと言ってくれる次の家庭が全く見つからなかったのだ。自分自身に何かの問題があるわけでもない。語学も性格も認められて、人望を集めた高校では友人もたくさんできた。それでも「この子じゃない」という態度を取られる。その理由が自身がアジア人だったからなのかは計り知れなかったが、自らの存在が否定され、まるでペットショップの犬のように、ひたすら手を挙げてくれる人を待つという境遇に放り込まれた。

一六歳でひとりぼっちだった頃、自信をなくしかけていた頃、人と違うということを自覚させられて、そこから、どう考えて、前を向いて来たのか。ルディを見て、さらにドーハであらゆるパラリンピアンの話を聞いていく中で、思い浮かんだというよりも思い出した。そうだ、あのミズーリでの高校生時代、自分には全盲の友人がいた。健眼者と一緒に授業を受けて同じ試験を受けていた。仲良くなって時には手伝ったりしたが、頭のいい子だったので、逆に私のサポートをしてくれた。

## 他者の形容を許さない「これが自分だ」

競技を終え、勝者となったパラリンピアンたちにマイクを向けると「支えてくれた人に感謝します」という言葉が返ってくるかと思っていた。見事に裏切られた。ミックスゾーンで話を聞いたアスリートたちはまず「やったぜ!」と喜びを惜しみなく爆発させる。そして障がいの種類も競技も全て異なる人々が、異口同音にそこまでオープンに話すのか、と驚くほどにとうとうと自分のバックグラウンドやプライベートを語り出すのだ。障がいがある今に至った経緯、何が好きで何が嫌いなのか。自分の趣味や夢に至るまで。一切の忖度《そんたく》が無く、それぞれに輝く強烈な個がそこにはあった。

これはグレイトでもアメージングでもないと思った。他者が形容するものではない。泉は再度、番組のタイトルを提案した。誇りを持ってありのままをさらけ出して、「これが自分だ」と言い切る強さ、テーマが自分自身に突き詰められるということも含めて『WHO I AM』。

太田は即座に賛成し、採用した。

ナショナリズムで求心力を得ようとする「がんばれ！　日本代表」番組でもメダルの数に執着する「絶対に負けられない」応援キャンペーンでもない。ボスニアのシッティングバレーのサフェト・アリバシッチから、イランのアーチェリー選手ザーラ・ネマティに至るまで登場するパラアスリートたちの国籍も性別も障がいの種類もばらばら。その多様性はそれだけで二〇二〇年に向けて目指すべき方向を自然にメッセージとして示しているように感じられる。

あくまでもアスリート自身のマインドと身体性にスポットを当てる番組がここに誕生した。

◉目次

写真　Paralympic Documentary Series WHO I AM

# 第一章

## 【エリー・コール】

# 「私が速いのは、私が幸福だから」

## ――すべてをプラスに解放する片足のオージースイマー

文　木村元彦

ＷＯＷＯＷの太田慎也と泉理絵がエリー・コールを初めて見たのは二〇一五年七月にグラスゴーで行われた障がい者世界水泳選手権の会場だった。オーストラリアは言わずと知れた水泳王国で、それはパラの世界でも同様である。好結果を次々と生み出すチームの中でひと際、大きな声で仲間を応援し、祝福するリーダーがいた。それがエリーだった。

「オーストラリア代表はいろんな障がいのある選手がいて、ありとあらゆる水泳のレースに参加しているんです。人数的にもすごく目立ちますし、とにかく、明るくてにぎやかで、そしてうるさい（笑）」（太田）

「その中でも特にスタンドの最前列に陣取って明るいキャラクターで後輩たちをケアーしていたのがエリー。リーダーシップが伝わって来ました」（泉）

二人がミックスゾーンで話しかけると、即座に「コンニチハ！」と日本語のあいさつが返って来た。泉は英語でしばらく話し込むと、ああ、この人は壁が一切ない、完全にノーボーダーの人なのだと感じ取っていた。「それまで選手に向かって『日本のテレビ局です』っていうと、『なんで私に話しかけるの？』という顔をされていたんですよね。日本のメディアが外国の選手にインタビューするのが、珍しかったのかもしれませんが、エリーにはそれが全くなくてフラットに話が出来たんですよ」

## 次々に舞い込む大御所ディレクターたちの依頼

エリーは一六歳で二〇〇八年の北京大会に出場して三つのメダルを手に入れ、続くロンドン大会ではついに頂点に立ち、金メダルを四個獲得した後、一度水泳を離れていた。実はこのグラスゴーの大会は様々な葛藤の後に復帰を決めた最初の国際大会で、そこで世界新記録を予選、決勝と連発していた。しかし、太田と泉はそんな実績や経緯を知るよりも先に彼女のキャラクターに惹かれ、ぜひ彼女を描きたいと意見が一致した。

パラリンピックの水泳は、身体機能障がい、視覚障がい、知的障がい、聴覚障がい、軽い障がいの五つのカテゴリーに分けられており、その重度によってS1〜S10（身体機能）、S11〜S13（視覚）、S14（知的）、S15（聴覚）、S21（S10、S13に満たないほど軽い障がい）というクラス制が敷かれている（「S」は「自由形・背泳ぎ・バタフライ」の泳法）。数字が低い方が障がいが重く、右脚を切断しているエリーはこの中でS9（S9―3、片大腿切断）に属する。このクラス分けについては、細かく吟味されたクラシフィケーション（分類）の分厚い規約書があり、それに基づいている。一概に同じ個所に障がいがあるということではなく、例えばS5やS6のクラスでは、片麻痺の選手、四肢欠損の選手、そして低身長症の選手が混在して出場していたりする。しかし、いざレースになるとほぼ同等に競い合う展開になり、観戦する度に太田はよくできていると感心していた。IPCが出している公式規約書には、身長と腕や足の長さ、欠損している部分には元々あるであろう長さなどが、計算されて書いてあり、極めて細かく全種目のクラス分けがなされている。

しかし、撮影においてクラス分けのルール問題の話に入り込んでしまうと、確かに興味深くはあるが、エリーが主語ではなくなってしまうので、そこは深掘りをしないと決めた。あくまでも描くのは人間という考えにブレは無かった。

太田はエリーを主役に決めると、すぐに制作会社ウッドオフィスのディレクター・白井《しらい》景子《けいこ》にオファーを出した。『WHO I AM』を立ち上げる段階から、「力になって欲しい」と頼んでいた白井には元々大きな信頼を寄せていた。「白井さんはスポーツのドキュメンタリーにおいても『もっと競技を撮れ

よ』というくらい、選手の家族を撮るんです。アスリートにおける背景をしっかりと見るという、そういう目線の持ち主で、それがエリーには合うと思えたんです」

他には大御所と呼ばれる男性ディレクターたちからも「そういう企画なら任せて欲しい」というラブコールが入ったが、丁重に断った。白井に依頼するにあたって、太田は一つだけ念を押して指示した。「パラリンピアンたちの障がいの話にフォーカスするつもりはない。それから、対ライバルという相対的な勝ち負けの物語でもない。エリーがどうして強いのか、アスリートとしてどこが凄いのか、それをきっちりと調べて描いて欲しい」

## 「トップでいられないのなら……」

ディレクターの白井もまた日本女子体育大学を卒業している生粋のアスリートであった。愛知県の豊川市立西部中学校から陸上競技を始め、わかしゃち国体マスゲームの中学部門・指導責任者、県下で名コーチとして知られた岩瀬金道の薫陶を受けた。岩瀬の指導方針は、短距離、中長距離、跳躍、種目に関係なくまず徹底的にハードルを跳ばせるというものであった。「ハードルはすべての動きに繋がる」という持論が有り、実際、股関節を自然と意識するハードリングの技術を高めることで、岩瀬のコーチを受けた選手は記録を伸ばしていった。

白井もまたスプリンターとして一〇〇m、二〇〇mで活躍し、名古屋女子大学高校に進んだ。高校二年のときには四×一〇〇mのリレーメンバーとして鳥取インターハイの準決勝まで進み、三年時には四〇〇mハードルで同じく高校総体に出場している。四〇〇mハードル、通称ヨンパーはスプリントを発揮する無酸素運動に加えて、持久力のための有酸素の活動も求められるために、最も過酷なトラック競技と言われている。

　全国レベルの選手である白井は、子どもの頃から足が速く、そしてそのことに対する強烈なプライドを持ち合わせていた。小学生の頃に同学年がいっせいに走る長距離走が毎年行われていたが、四年までダントツだった。ところが、五年生のときにゴール直前に抜かれて二位になってしまった。すると六年は勝負を避けて六九位。六年連続でのトップという目標が途絶えてしまったので、流してしまったのである。日女体への進学に際しても同様のことがあった。スピードランナーとして一〇〇mに対する拘《こだわ》りが強くあった白井は、入試の実技科目の同種目で二位になると、さっさと陸上を辞めてサッカー部に入部してしまうのである。「トップにいられないなら団体競技のサッカーに」というわけである。

　そんな白井であるからこそ、対象がパラリンピアンと聞いて「障がい者スポーツかあ」という気持ちがあった。それには明確な理由があった。陸上のオランダ代表のマールー・ファン・ライン（両膝下切断T43クラス　※当時）が一〇〇mで世界を制したときの記録が一二秒八〇。実はこのタイムは白井が高校一年秋の新人戦で名古屋南支部で優勝したときの記録と同じであった。だからこう回顧する。「正直、私の高校時代のベストで世界記録なんだ。そういう見方で観ていました」

白井はオーストラリアに飛び、エリーの密着取材を開始した。白井はひとつの提案を太田にした。「『WHO　I　AM』というタイトルだから、シリーズ全般で、アスリートたちに自分について朗読させるのはどうだろう」。エリーはこれを完璧にこなすことになる。

「この子の足には mass（しこり）があるようです」

ジェニー・コールは二歳の双子の娘、エリーとブリットにシャワーを浴びせて身体を拭いていた。二人は一九九一年一二月一二日生まれ。エリーはブリットの八分前に生まれていた。二卵性ではあるが、体格はほぼ同じである。ジェニーは触っている身体から何かを感じてふと見ると、姉のエリーの右足だけが異常に大きいことに気がついた。

「蜘蛛にでも咬まれたのかしら……」

少し気になって夫のドンと一緒に病院に連れて行った。医師は診察の後、言った。

「これは更なる検査が必要です」

緊急の生検をするように伝えてきた。

「この子の足には mass（しこり）があるようです」

二週間後、生検に行った。ドンとジェニーは、一〇分ほどで結果は出るだろうと思っていた。しかし、四時間が経過してもエリーは検査室から戻ってこなかった。心配していると、生検から病理検査に回され、そこで言われた。

「この子の足には primitive epithelial neuro sarcoma（初期の上皮神経肉腫）ができている」

とてつもないショックを受けた。まだ二歳の幼児に、癌が巣くっているという。

「私たちにとって恐ろしい時間でした。病名をずっと忘れることができませんでした」とドンが言えば、ジェニーには、今思えば、という心当たりがあった。

「深夜に他の子どもたち、兄や姉妹が眠っている間もエリーだけが起きていて、そして泣いていた。おむつでもお腹がすいていたわけでもない。今思えば足の神経に癌が巻きついていて夜

に痛んだのでしょう。ブリットが生後一二ヵ月で歩けたのに、エリーは一七ヵ月まで歩けなかったのもそのせいかもしれない」

なぜ、我が子が、という絶望感が募った。

## 再び、歩き始める

化学療法が開始された。しかし、症状は改善されず、幼いエリーは毎週、輸血を受けなければならなかった。髪の毛はすべて抜け、眉毛も無くなった。免疫力が落ちて、感染症に何度もかかった。九ヵ月が経過して行われたＭＲＩによる検査では、素人目にもくっきりと腫瘍だと分かる影が画面に映っていた。ドンは医師に説明をされなくてもその時点で癌が再発したことを知った。そして治療の選択はもう切断しかないということも。

ドンはエリーに、あなたは右の足が悪いのでそれを切って新しい足を作らなくてはならない、という説明を施した。

「それが果たして三歳の子にどれだけ理解できたのかは分かりません。覚えているのは、切断の手術後、目を覚ました彼女が二〇分くらい泣いていたことです」

こう語るドンは、エリーの足が切断される際に、手術台の上に義足を載せていた。

「だから彼女は切断されたまま、希望のない中で目が覚めたのではないのです。新しい足がそばにあり、一緒にベッドに運ばれてきたのです。これはどういうことなのか？　三歳でもすぐに頭の中で繋がったのだと思います。それが火曜日でした。木曜日になるとどうも足のサイズが違っているようなので、取り換えるために医師が一度義足を外しました」

その途端、エリーは不機嫌な声をあげて叫んだ。彼女の中ではすでに義足は自分の肉体の一部という認識になっていたのである。エリーはすぐに立ち上がろうとした。手に届かないものがあると、テーブルを伝って足を引きずって取ろうとした。家族はエリーが普通の赤子のように再び自分の足で歩き出そうとしているのを知った。

ジェニーは当初、エリーが癌に冒されていると聞いて、もうこの子の人生は終わってしまった、とさえ思っていた。

「切断の手術に至っては、足を切ってしまったら、あの子はこれまでのあの子と違う子になってしまう、私が産んだ赤ちゃんとは違ってしまう、と考えてしまったのです」

人間はまったく未経験のことに出くわすと思考が止まり、悲観的になる。

「でも手術のあとのあの子を見たら、すべてが、以前と同じだと気付いたんです。あの子は足を失っただけだと。なぜあんなふうに考えてしまったのか、今では分からないくらいに」

手術の二日後、エリーは無邪気にスケートボードに腹ばいに乗って病院の廊下を行ったり来たりして遊び始めた。

エリーは何も変わっていなかった。そして再び義足で立ち上がった。このときの喜びをドンはこう言い表した。

「私たちはとても幸せな親です。なぜならエリーが初めて歩き始めたときのビデオ映像が二つもあるのですから」

## 妹ができることは何でもやる

エリーはいつも決然としていた。双子ゆえに妹のブリットが何かの遊びを覚える度に同じことをやりたがった。ブリットが三輪車に乗れば断固として同じように乗りたがった。ドンは片足でも漕げるようにペダルを左足にガムテープでグルグルに固定した。三輪車に乗れると続いて補助輪つきの自転車、そしてスケートボード、最後はアイススケートまでこなした。

それをブリットはいつも助けた。何かに挑戦しては転んでいるエリーを抱き起こしているブリットの映像が、ドンが撮影したホームビデオには無数に収められている。

医師はエリーの挑戦を最初から「それらは無理だ」と止めていた。

ジェニーもまた「一本しかない足を自転車やスケートで折ってしまわないか」と常に心配はしていた。しかし、一度たりともそれを止めることはしなかった。

そしてエリーは妹ができることは何でもやり遂げた。ドンは言う。

「ですから、エリーのように切断といういきなりの障がいがある子どもがいた場合、願わくは、その子が双子であればと思うのです。兄弟と同じことをやってやろうというモチベーションが及ぼす影響はとても大きいのです」

まるで病気が無かったかのように、積極的に物事に取り組み続けるエリーの姿を見て、周囲の大人たちは、癌発症時が二歳という物心がつく以前のことであり、彼女は記憶が無く、事態を理解していないのではないかと思った。しかし、そうではない。エリーはテレビドラマや映画を観ていて、登場人物が癌であると診断されるシーンが出てくると、涙が三日ほど断続的に止まらなくなるのだ。強烈なトラウマが彼女の中に残っていることは、想像するに難くない。

## 水泳には義足がいらない

水泳とは、足を切断して八週間後にリハビリとして始めたことで出遭った。ビーチや湖やダムが無数に点在するオーストラリアでは泳げない子どもに会うことはないとも言われている。この水泳大国では水泳は人のたしなみとして捉えられているのだ。エリーもまたその一環としてリハビリとは別にブリットと一緒に三歳で健常者と同じスクールに通うこ

とになった。
　プールで片足のエリーが泳ぐとどうなるのか。両親も皆目見当がつかなかった。
　エリーはこう回顧する。「最初は、おかしな感じだったわ。何回もグルグル回ってしまったの」。当然であろう。バタ足でもカエル足でも片方の足の動きをまったく止めてしまったら、反対の方向へのみ力は加わって前には進まない。ボートを片方のオールだけで漕げば、その場で回転するのみである。むごいことに、がんばろうと左足でキックをすればするほど、身体は回ってしまう。片足が無いということは、あたかも舵が傾いたままの船で航海に出るようなものであった。
　しかし、エリーは諦めなかった。ここから不断の努力を開始する。プールの中で回っても回っても絶望せず、前に進む意志を持ち続けた。やがて幼いながらも感覚を研ぎすまし、独自に試行錯誤を繰り返した。やがてバランスを身体の中心で取ることを覚えていく。左足は動かす、そして、その力を分散させないようにガチガチに鍛えた体幹で推進力に変えていく。中心軸を保つことでついに真っ直ぐに泳ぐこつを摑むのである。そして五〇mプールの直線を泳ぎきった。

「水泳までやり遂げた！」

両親は望外のことに喜んだが、それで終わりではなかった。さらにエリーの負けん気の強さが発揮されていく。真っ直ぐに泳げるようにはなったのだが、スピードでは健常者である他の子供たちには敵《かな》わないのだ。それを仕方が無いとしてしまう性格ではなかった。

「泳ぐとその度に引き離されてしまう。それが悔しくて絶対に負けたくないという気持ちから練習を続けたの。そして私はこの競技が気に入った。なぜなら水に入るときは義足をつけなくていいでしょ。いつも重い義足が足にめり込んでいるというのは、心地よいものじゃない。それに私が真っ直ぐ泳いでいる姿を見れば、誰も私の足が一本とは思わないはず」

義足をはめずにナチュラルな自分でいられる。他者から見られてもしっかり泳いでいれば、足が無いとは思われずにすむ。水泳を好きと言う理由は、エリーが自身の境遇をどう考えているかを素直に吐露していた。

エリーは泳ぎを学ぶプログラムを卒業した。

「実はそれからバレリーナになりたいと考えていたの。でも足一本のバレリーナがピルエットをするなんて、できるわけがない（笑）。それで母から水泳のセッションを勧められて行きたい道が決まった」

そこのコーチが自分と同じオーストラリアンフットボールチーム（メルボルン・デーモンズ）のファンだという理由から、フランクストンのクラブチームに入った。チーム選択の基準は軽いものであったが、これより、本格的に水泳に取り組んでいく道を選んでいった。

## ずっと泣いていた最下位の帰り道

エリーのフランクストンでのプール通いが始まった。クラスは健常者と一緒だった。負けず嫌いはここで発揮される。

「いつも競争をしていたけれど、私の相手は常に脚が二本ある子供たちだった。全豪大会に出るまでには長い道筋があるのに、私は都市レベルの大会さえ通過できなかった。だから私はいつも母に『これは不公平だ』いつも脚二本の相手と競争していて、いつも相手が勝ってしまう』って抗議していた。でも母はいつも、『もっと練習をがんばりなさい』って言うばかり。だから、とにかく一生懸命努力したの。脚二本の相手に勝つためにね。一二歳になった頃、体育教師の一人が、パラリンピックのことを知っているか？　と聞いてきたの。私は最初、彼女が何を言っているのか分からなかった」

エリーはその説明に衝撃を受ける。

「先生は私みたいな人たちの写真を見せてくれた。腕が一本だったり、脚が一本だったり、いろんな障がいのある人たちが水泳で競っている写真よ。それを見て驚いたわ。私にとっては全く新しい世界だった。そして一二歳で初めて障がい者のレースに出たの。ビクトリア州選手権だった。大会へ行く時はすごく興奮していて、両親の車の中でもずっとしゃべるのをやめられなかった。そしてプールに着いてみると、私の相手はパラリンピックに出たことのあるオーストラリア代表チームのメンバーだった。私は、この人たちに勝ってやる、この人たちがどんな高いレベルで競っていようと関係ない、って思ってた。スタートのピストルが鳴って飛び込んだ。そうしたらすぐにゴーグルが外れてしまったの。だから止まって着け直して必死に最後まで泳いだんだけど、結果は最下位。帰り道はずっと泣いてた。そんなことがあって私は負けるのが大嫌いなんだと気が付いた。それからもっと努力をしないといけないんだと心に誓ったわ」

## 心を奪われたひとりの選手

エリーはフランクストンのトレーニングセッションにすべて通った。友人で同じように障がいのある水泳選手が二〇〇五年に全豪選手権に出場していた。彼女は刺激的な体験をして戻って来た。その大会は健常者も障がい者も同じプログラムの中で出場していたので地元シドニー五輪で金メダル（一五〇〇m自由形）を取ったグラント・ハケットやバルセロナ五輪、アトランタ五輪で二連覇（一五〇〇m自由形）を達成したキーレン・パーキンスと出会う機会があったのだ。エリーが子供の頃からあこがれていた水泳王国オーストラリアのオリンピック代表選手たちである。

「それを聞いて私はすごくエキサイトした。自分のアイドルに会えるチャンスがあるなら、絶対にそういう大会に出なきゃって思ったの。当時の私のタイムではすごく難しかったけれど、おかげで次の目標が明確になった」

アスリートはモチベーションによって可能性を一気に広げる。負荷の厳しいトレーニングを自らに課した。

この頃エリーはひとりの選手に心を奪われる。当時は、父親のパソコンで同じ水泳のS9クラスの公式記録による世界ランキングを常に見ていた。四〇位から五〇位の間に位置していたエリーは記録を伸ばして順位を上げることを目標にしていたのだ。ある日、見たことも無い名前が突然世界ランクのトップに登場した。

「驚いたわ。『この子誰？　突然一位になるなんて』ってね。それまで聞いたことがなかったし、すごく速いタイムで泳いでたのがショックだった」

すい星のように現れたのは、南アフリカのナタリー・デュトワだった。エリーが知らなかったのも無理は無く、ナタリーは元々、オリンピックを目指していた南アフリカの競泳の代表選手だった。一四歳の頃から国際大会にも出場して未来を嘱望されていた。ところが二〇〇一年に交通事故に遭い、左足の膝から下を切断することを余儀なくされてしまう。しかし、それに彼女は一秒たりとも絶望しなかった。ケガが完治する前からプールに戻り、トレーニングを再開すると、障がい者水泳の大会に出場し始めたのである。それだけではない。片足を失っているにもかかわらず、ハンディを克服し健常者のトーナメントにも出場し、二〇〇三年のナイジェリアでのアフリカ選手権ではただ一人の障がい者でありながら、八〇〇ｍで優勝を果たしている。足を失ってからの方が記録も伸びているのだ。比類なき強い精神力はまさにスーパースターだった。

## 怖いもの知らずの初大会

エリーは、グーグル検索でナタリーのことを調べ上げ、映像を見て憧れ続けた。偉大な選手の存在がまたもエリーの成長を促した。全豪大会の予選通過タイムを突破すると、そのまま本大会でも好成績を収めてついに代表チームに呼ばれることになった。一四歳で二〇〇六年の世界選手権に出場する権利を得たのである。本人にとってまったく予想外の喜びだった。しかも開催地はあこがれのナタリーのホーム、南アフリカだった。初めての代表、初めての世界大会は、それまで足が二本ある子にもただ負けまいと遮二無二頑張っていたひとりの少女を興奮させるのに十分だった。エリーはケープタウンの水泳の練習会場に着くと、ビデオカメラを取り出してすべてのレーンを見て回り、ナタリーを探した。そしてお目当てのアイドルが第一レーンを泳いでいるのを見つけると、はしゃぎ回ってチームメイトに叫んだ。

「ナタリーがいる！　ナタリーがいる！」

跳びはねながらその映像をカメラに収めた。

「すごく興奮して多分チームのみんなに迷惑をかけたと思う。楽しいこともたくさんやった。ビーチでも過ごしたし、アフリカン・サファリへも行った。バッファロー・ソーセージも食べてみたけどあれは、あんまりおいしくなかった（笑）」

初めての経験故に、怖いもの知らずでもあった。一〇〇m背泳ぎで笛が鳴ってプールに入ると、嬉しくなってスターティンググリップを握ろうとせずにコーチを探して、手を振った。「集中しろ！」とコーチは怒鳴った。それでも自分の周りで起きていることに興奮しっぱなしであった。肝心のナタリーとの対決は完敗で、体六つ分ぐらい引き離されてしまったが、同じプールで泳げただけで感激していた。

最初のこの国際大会は、一〇〇m背泳ぎで二位に入賞する。

「これは私の中ではとても大きなことだった」
エリーの照準が二年後のパラリンピック北京大会に定まった。

## 彼女に勝ちたい

オーストラリアの代表であり続けることは並大抵のことではなかったが、さらなる努力を重ねて一六歳で北京パラリンピックに出場を果たした。尊敬して止まないナタリーはこの北京大会においてオープンウォーター種目、すなわちパラリンピックのみならず、オリンピックにも南アの代表選手として出場していた。結果は圧倒的だった。女王はオリンピック出場後にエントリーしていたパラにおいて自由形、バタフライ、個人メドレーで合わせて五つの金メダルを獲得した。エリーは一〇〇mバタフライでナタリーに次いで銀。ついに究極のヒロインと一緒に表彰台に乗ったのである。

「ナタリーは隣にいる私を『この子誰?』って感じで見ていた。私はどこからともなく現れたから」

光栄に思うと同時に新しい感情が込み上げて来た。それは金メダリストの栄誉を讃えて南アフリカの国歌が流れてきたときである。

「口惜しさと言うか、そのとき私は猛烈にオーストラリアの国歌を聞きたいと思ったの」

憧れるだけの存在だったナタリーに対してライバルという意識が芽生えた。エリーはこの大会で他にも一〇〇m背泳ぎで銅、四〇〇m自由形で銅、合計三つのメダルを獲得したが、それについても「誰も銀や銅のメダルが欲しくてパラリンピックに出ないわ」とまで考えるに至った。代表になるだけで舞い上がっていた二年前の世界選手権のときとは、意識がすっかり変わっていた。

「ナタリーがオリンピックにまで出場したことは、パラリンピック選手の能力がどれほど高いかを世界に示しているのだから、彼女のことをすごく誇らしく思ってた。説明がしづらいんだけど、当時私は彼女に負かされることをそれほど気にしてなかった。それすらも誇らしいと。ただあのとき、心の奥深くではじめて彼女に勝ちたいって思ったの」

北京後、金メダルを十分狙える逸材と目されたエリーはＡＩＳ（オーストラリア国立スポーツ研究所）に招集される。ＡＩＳは国家機関として優秀なアスリートを全面的にサポートする組織である。栄誉なことだが、これがエリーを苦しめることとなる。

キャンベラにあるＡＩＳでのトレーニングこそ強化指定に選ばれた者の特権と言えた。三年間、ロンドンパラリンピックに向けて生活を保障されながら最高の環境で国家からトレーニングの支援が受けられるのだ。その自覚があればこそ、エリーは一切の妥協を排して自らに負荷をかけた。一週間で八〇キロ泳ぐというメニューが続いた。北京大会でのメダルは大きな自信になっていたし、地方の小さなスイミングクラブ出身のエリーにとって、二四時間態勢の整った施設で専門的な指導を受けるのは初めてのことで、伸びしろは大いに期待できた。しかし、水泳を町のクラブでリハビリとして始めた、ある意味で野育ちの人間にとって、大きな環境の変化とハードワークは徐々にその体を蝕むことになっていった。さらにＡＩＳでは、エリー本来の責任感の強さが余計に自身を苦しめることになった。国家に特権を与えられた以上、それに応えなくてはいけないという意識は北京であれほど無邪気に競技を楽しんだ一六歳の少女をすっかり変えてしまった。ゴーグルの中で涙を流しながら練習を続けた。初めて親元を離れたことで孤独感に苛《さいな》まれ、練習の帰り道にはいつも泣きながら母親に電話をした。いつしか、ロンドンパラリンピックは楽しみな目標から大きなストレスになっていた。

## 顔を洗うことさえ苦しい

潜伏していた悲劇は、生活の中に突然現れた。ＡＩＳに入って一年後、頭を洗おうとしたら、激痛が走り、腕が上がらなくなった。肩を酷使することによって、肩関節に付着している関節唇《かんせつしん》という軟骨がめくれてしまう病気、関節唇損傷に冒されていたのである。エリーのブレない泳ぎは片足でバランスと舵が取れる体幹の強さの賜物であるが、爆発的な推進力を得るのはクロールも背泳ぎも上腕の高速回転によってであった。上半身でバランスを取る必要が無い分、パワーは凝縮され、肩はその酷使に悲鳴を上げていた。類まれなボディバランスを持つエリーの宿命とも言えた。関節唇は関節をスムーズに動かす潤滑油のような役割をしている組織だが、一度損傷するともとには戻らず、一定の角度にはまると激しい痛みを伴う。顔を洗う所作ですら制限されるという重症であった。それでも国からの投資を受けている以上、休むわけにはいかなかった。故障のことは一人で抱え込んだ。あまりの痛さに投げ出したくなったときは、目標とする人物、家族のことを思い描くことでトレーニングに臨んだ。

「ナタリーは今、何をしているだろう。彼女を超えるにはどうしたらいいか？　そればかり考えていた。それから北京での思い出。表彰台に立ったときに派手なオーストラリア国旗のカツラを被った母が、フェンスから身を乗り出して涙を流しているのを見たの。ああ、パラで結果を出すということは私だけではなくて家族が誇らしい気持ちになれることなのだと気づいた。だからケガを理由に立ち止まることはできなかった」

ナタリー・デュトワはロンドンでの引退をすでに公言していた。彼女と戦うチャンスを逃したくはない。母親はエリーからの電話の度にあえて突き放すようなことを言った。

「苦しいのは当たり前、人生で楽なものはない。楽ならば皆がやっているはず」

## 情熱的なコーチとの出会い

追い込まれたギリギリのところにいたエリーを救ってくれたのは、あらたに指導に入って来た新任コーチのスティーブ・ヤングの存在だった。スティーブはそれまで地元のスイミングクラブで教えていたローカルコーチで、トップレベルの選手に対する指導経験は皆無だった。しかし、その分、ＡＩＳに抜擢されたことを名誉に思い、新鮮な情熱を持ってやって来た。スティーブは単調で憂鬱な毎日に変化をもたらしてくれた。

「それまでは朝、起きてただプールに行くということの繰り返しだった。それをリフレッシュさせてくれた。彼はいつも腕をパンチして『いいぞ、その調子！』と言ってくれた。水泳に対する情熱がすごくて、自分がコーチとしてＡＩＳに少しでも役に立てているということが、嬉しくて仕方がない。そんな気持ちが伝わって来たの」

アスリートと指導者は互いへの信頼関係があって初めてシナジーが起こる。この人物はどこまで真剣に自分に向き合ってくれるのか、無意識に選手はコーチを測っている。単に仕事としてなのか、自分のキャリアアップのためなのか、それとも人生をまるごとかけてくれているのか。その意味で、スティーブはプレイヤーズファーストの精神を貫く指導者だった。孤独だったエリーは、あらゆる感情をさらけだす必要があった。ただでさえ内省を求められる個人競技の、しかも繊細なティーンエイジの選手である。一本泳ぐごとに感情がくるくる変わると言っても過言ではない。気持ちはときには深く潜り、ときには爆発することもある。それでも、スティーブはそれらすべてに向き合ってくれた。エリーの長所も短所もすべて理解した上でポジティブな声かけを必ず行うのだ。信頼するコーチの存在は肩の激痛をひととき忘れさせ、意識を再び高めてくれた。たったひとりの闘いと思っていた中で光明が見えた。

## コーチを襲った突然の難病

しかし、その指導を仰ぎ始めてから半年後。ロンドン大会直前のキャンプ地クイーンズランドに向かう数日前、試練が再び襲ってきた。エリーはＡＩＳの寮で朝食を摂り、いつものようにトレーニングのためにプールに向かった。定刻にスティーブは姿を見せなかった。少し不審に思いながらもひとりで水に入り、黙々とメニューをこなした。午前中のセッションが終わった頃、オーストラリアの競泳代表チームの会長から電話がかかって来た。めったに来ない重鎮からのコールは、スティーブが練習に行こうとして自宅で倒れたことを告げるものだった。まだ原因は分からないが、かなり重篤な状態だという。底なしの不安と心配がエリーを包む。検査の結果、スティーブの脳に腫瘍が見つかった。あんなに元気だったコーチが、ロンドンまで命が持つかどうかも分からないということだった。手術の後、スティーブは奥さんの押す車椅子に乗ってプールサイドに現れた。頭部にざっくりと残った痛々しい手術痕を見たエリーは、いたたまれない気持ちに襲われる。最も信頼していたコーチが重い病に冒され突然、大会直前にリタイアを余儀なくされたのだ。もう自分のトレーニングを見てもらうことはできない。何より、なぜ、スティーブがこんな目に遭わなくてはならないのか。精神も肉体も最悪の状態に追い込まれてしまった。しかし、独りぼっちになったとは考えなかった。

「自分の仕事に誇りを持ち、選手のために働けることを心から喜んでいたスティーブは、もうロンドンに行けない。それならば、スティーブのためにもがんばろうと思った」

## ナタリーとの最終勝負

肩の痛みは取れないままであったが、ここで壊れてもいい、と覚悟はかたまった。コーチ不在のまま、クイーンズランドでは自らを徹底的に追いこみ、ロンドンパラリンピック大会を迎えた。スティーブの症状については、選手を試合に集中させるため、水泳連盟が情報をクローズドにしていたので知ることはできなかった。しかし、エリーはプールデッキを歩くたびにコーチのことを思い出していた。

「彼が見ていてくれるといいな、といつも思っていた」

まったく自信は無かった。ところが、無心で泳いだことが奏功した。背泳ぎでいきなり優勝してしまった。競技日程の早い段階で表彰台の真ん中で国歌を聞いたことで精神的に楽になった。肩の痛みは相変わらず続いていたが、続く団体リレーでも金メダルを取った。

大会九日目、いよいよ最後は自由形であった。エリーは永遠の目標であったナタリー・デュトワと再会を果たした。圧倒的な強さを誇り「絶対女王」の異名をとったナタリーにとってのラストレースである。選手控え室には様々な選手がいる。試合前の集中の仕方はそれぞれに千差万別で、うずくまって祈りを捧げる者、ヘッドフォンで音楽を聴く者、ストレッチをひたすら行う者……。

そんな中でエリーとナタリーは、レースの前に会話を交わすという数少ないタイプの選手であった。

互いにオーストラリアで、南アフリカで何をしているのか。足を失ってしまった経緯から日常生活に至るまで、語り合っていた。片足を切断しても希望を捨てずにパラリンピックのみならずオリンピックにも出場したナタリーは、障がい者アスリートの能力がどれだけ高度であるかを世界に発信したいのだと言った。その意味では自分たちの代表でもある。エリーは心からナタリーを尊敬していた。やがてレースの時間が来た。スタッフが呼びに来てプールへと向かう。

「これが私とナタリーの最後のレースかと思うと、動揺して歩きながら泣いてしまいました。それでゴーグルをつけ忘れてしまったのです」

### コップの水にさえ抱いた嫌悪感

しかし、スタートのピストルが鳴るとそういった感情はすべて吹っ飛んだ。ナタリーがパラに転向して以来、不敗を誇る一〇〇m自由形S9。お互いにとってこれが最後のレースである。エリーは痛みを堪えて必死で肩を回した。エリーは第五レーン、ナタリーは第四レーン。互いに視界に入る。前半五〇mを三位で折り返したエリーは猛烈なラストスパートを敢行する。肩は悲鳴を上げたが、一気に追いつくと、そのまま差し切った。一着でゴール。ついにナタリーを下した。自らの優勝を確認すると、エリーはスタンドに向けて大きなガッツポーズを掲げ、次に隣のレーンにナタリーを探して抱擁した。ナタリーもまた祝福してくれた。

表彰台のセンターに立ち、念願のオーストラリア国歌を聞いた。エリーはしかし、手放しで喜んではいなかった。

「私は、何かナタリーに対して申し訳ない気持ちでいっぱいになってしまった。彼女はパラの水泳に大きなものをもたらしました。私は、アイドルとの最後のレースに勝ってしまったことでナタリーの目が見られなかったのです」

しかし、エリーの逡巡などお構いなしに、ナタリーは心からの祝福をしてくれた。

「おめでとう。あなたには明るい未来が待っている」

ナタリーにすれば、自分が牽引してきたS９に頼もしい後継者が現れたという思いがあったのであろう。心置きなく引退が出来るということでの謝辞でもあった。「あなたには明るい未来が待っている」という言葉の裏には、かつてのナタリーがそうであったようにエリーもまた、同種目で二連覇、三連覇と記録を伸ばしていくだろう、という気持ちがあった。実際に、この日のエリーの泳ぎにはそれを予感させる力強さがあった。

ところが、この期待に対してエリーは何も応えることができなかった。ナタリーは知る由も無かったが、すでに両肩は崩壊しており、彼女もまた引退を決意していたのである。

ＡＩＳへの責任感とナタリーへの思い、家族への感謝をモチベーションに変えてやって来たが、水泳そのものについてはもはや、コップの水さえも見ればプールを思い出して飲めなくなってしまうというほどまでに、限界に達していたのである。

水泳には関わるが、水には入らない。

ロンドン大会でリレーを含む四つの金メダルを獲得したエリーは、そのまま引退を宣言。新しい生活の場所は、三年間過ごしたＡＩＳのあるキャンベラではなく、家族の住むフランクストンであった。しばし、実家で静養を重ねた。朝、目が覚めると母が聞いてくる。

「おはよう、今日は何をするの？」

水泳を始めて以来、忘れていた穏やかな時間が流れていた。気に入っていたのは特に何もしない一日。静かな生活は心が安らいだ。

しかし、時が経つに連れて、今の自分は果たして何者なのか、という問いが頭をもたげてきた。セカンドキャリアの中でのアイデンティティの模索である。

九ヵ月が経った二〇一三年六月、ついに仕事をするために動き出した。選んだ職は水泳のコーチ。シドニーに引っ越し、キャッスルヒル・フィットネス・アンド・アクアティックセンターで子どもたちを指導するというものであった。

泳ぐ気持ちはもうまったく無かった。ただ水泳の仕事をしたかった。エリーは当時の気持ちをこう語る。

「自分を安全圏に置いたのよ。水泳には携わっているけど水には入らないってね」

オーストラリアでは、障がい者スポーツのアスリートが健常者を教えるということが普通に行われている。

キャッスルヒルの水泳指導員、ネイサン・ドイルは職員に応募してきたのが、あの金メダリストだと知って驚いた。

「それまで代表クラスの選手を教えたことがなく、エイジグループ（年齢別）スイミングの指導をしていた私のアシスタント・コーチの職に応募して来たんです。彼女のような経験がある人材を断るはずがありません。彼女は当時、自分が何をやりたいのか分からず岐路に立っていましたが、第一印象はとても陽気な人でうまく一緒にやっていけそうに感じました」

ネイサンの予想は当たった。明るく快活なエリーの指導は子どもたちに好評で、彼ら彼女らの泳ぎに対するモチベーションをどんどん上げていった。笑顔を絶やさないその姿は他のコーチにも良い影響を与えていった。

エリーは二一歳になっていた。水泳は大好きだが、肩の故障からもうあの地獄に入るのは躊躇せざるをえない。安全圏に身を置いた指導者としての生活は、それなりの充実感をもたらしてくれた。

## 泳ぐことが幸福

しかし、ある時、本心に気付かされる瞬間が来た。トレーニングの最中、練習にクレームをつける子どもがいた。

「もう今日は嫌だよ。家に帰ってゲームがしたい」

才能のある子だった。セッションは負荷も考えて練りに練ったもので、やり切れば達成感も得られた上で効果が上がるものであった。この子はやればもっと伸びるのに……。こんなに恵まれた環境の中にいて、なぜ、挑戦することに不満なのだろうと思うと、自然と口をついた。

「あなたは泳げているだけでも幸福なのになぜ文句を言うの」

言ってから、自分の感情が腑に落ちた。

「泳ぐことが幸福？　そうか、私はまだ泳ぎたいのだ」と。燃え尽き症候群からの立ち直りには、教えていた子どもたちの存在が大きかった。

「ストリームラインが出来た、ターンが出来たと喜んでいる。基礎が出来ただけでも嬉しい。かつては私もそうだった。そこからはじまって世界一に上りつめられた。子どもたちのおかげで原点に戻り、自分の居場所に気づけた」

強い責任感から、逃れようのない義務と感じていたＡＩＳのトレーニングから独立したことで、水はコップの水さえ見たくなくなっていたというメンタルは完全に立ち直った。しかし、問題はオーバーワークで破壊されてしまった両肩だった。

スポーツドクターに診断を仰いだ。「競技者として再び世界大会をめざして泳ぎたい」という希望を添えた。検査の結果、冷酷な回答が返って来た。

「いずれにしても手術は必要だ。しかし、オペをしたとしても二度と水泳はできない」

もうこの肩では泳げないのか……。

聞いたとたんにその場で泣き崩れてしまった。そしてあらためて確信した。自分はこれほどまでに水泳が好きだったのだ。

諦めるわけにはいかなかった。他の病院にセカンドオピニオンを求めた。すると「手術後にしっかりとリハビリをするとプールに戻れる」というドクターが現れた。もうためらうことは無かった。

## たった五メートルからの再起

二〇一三年八月に左肩、一二月に右肩の再建手術を行った。

両肩にメスを入れてからの、アスリートとしての再生。想像するだけで気が遠くなるようなリハビリが待っていた。

エリーはここでトレーニングのトレーナーに、職場の上司でもあるネイサン・ドイルを指名する。真摯に水泳と向き合っているネイサンと、このシドニーの地から復活を目指すことに意義を感じていた。支援をしてくれたＡＩＳにはもちろん感謝をしている。しかし、自立しているアスリートならば実績の無いコーチとであっても信頼関係さえあれば、世界を目指すことができると証明したかった。野育ちのエリーらしい選択であった。

とは言え、ゼロどころかマイナスからのスタートである。二〇一四年五月、手術後、初めてプールに入って泳ぐことができたのはたったの五メートルであった。

ネイサンはエリーとの対話を重視した。

「徹底的に話し合って僕は彼女の泳ぎたいという気持ちを引き出すことにした」

どのような方向性でリオパラリンピックを目指すのか？　話し合った結果、ふたりで導き出し、確認したのは、「水泳以外とのバランスが大切」という考えだった。ロンドンを目指していた頃は、二四時間常に水泳について考えることを余儀なくされた。エリーは発想を変えた。

「水泳を辞めても人生は続く。水泳にすべてを奪われないように。大学も仕事も続け、夜に出かけても罪悪感を持たないようにした」

管理から解放することでもう一度、自分を取り戻すことにしたのだ。一方で管理を振り払うことでトレーニングは逆に厳しく課した。故障前よりも長く泳ぐことはできないので、筋肉トレーニングを多く取り入れて徹底的に負荷をかけた。

ネイサンは不断の努力でみるみる回復していくエリーを見守りながら、内心舌を巻いていた。

「最初は水の中で動くというかなり基礎的な練習から始めました。彼女の練習への姿勢には非常に驚かされました。どんなにたいくつで地味なトレーニングでもとても忍耐強く、焦ったり、手を抜いたりすることは一切ありませんでした」

エリーの真骨頂は、欠けた足を補うためにバタ足を身体の中心で維持できるという体幹の強さにあった。ネイサンはそこを中心に据えて強化していった。詳細を説明せずとも、本人は段階を踏む復活のプロセスをすでに理解していた。やがてあらゆることを健常者のアスリート以上にこなすようになっていた。

## オリンピアンをも凌駕して

世界大会の復帰第一戦は、二〇一五年七月のグラスゴーで行われたIPC水泳世界選手権だった。最初のレースは一〇〇m背泳ぎ予選。エリーにとって、ここで結果を出すことに大きな意味があった。

「ネイサンを皆に認めさせたかった。彼はどん底にいた私を導いてくれた」

結果を出せば、無名だったネイサンが脚光を浴びる。その全幅の信頼を置くネイサンのレースに対する指示は「体調が良かったら、攻めろ！」というものだった。復帰戦ということで様子を見ることなく、良い感覚でプールにフィットしていると思えば思う存分飛ばしていくという作戦である。

良い感覚。水に入った瞬間からそれは感じていた。序盤から駆け引きを考えずにハードに攻め続けた。五〇メートルでターンをしても感覚は最高のままだった。このレースでエリーは何と一分〇八秒八九の世界記録を叩き出した。ステファニー・ディクソン（カナダ）が長きにわたって保持していたそれを、一年前まで五メートルしか泳げなかった選手が破るといったい誰が予想しただろうか。

驚くべきことに決勝では、さらにそれを更新した（一分〇八秒六七）。完全復活どころか、大きく進化していることを周囲に印象づけた。グラスゴーのこの世界選手権でエリーは一〇〇m背泳ぎS9、一〇〇m自由形S9、四×一〇〇mリレーの三種目で金メダルを獲得した。

次なる目標はリオパラリンピックだった。エリーはこの頃、「水泳は大切だけど今では一番ではなくなったの」というコメントを残している。一番ではないが、あくまでもそれは生活のバランスにおいてであり、レイドバックするというものではない。むしろ水泳にかける時間は短い分、濃密になった。こうも語っているのだ。

「三歳で死んだと考えると、無駄には生きられない」

鬼気迫るストイックな練習は続いた。それはAISにいたとき以上のものと言えた。それでなければ世界新が生まれるはずがない。

「私が速いのは私が幸福だから。泳ぐのが仕事でなくなったから」

ストレスとプレッシャーからの解放に加えて、密度の濃い練習で記録は伸びた。

当時、トレーニングに密着したディレクターの白井景子は、片足で軽々とバーベルスクワットをこなし、同じく片足で助走無しで一メートルを超える台の上に跳び乗る様子を見て驚嘆している。その力強さはナタリー同様にオリンピアンをも凌駕するものであった。

Sydney
1
3.0 M

## 「ゴールドメダルが欲しい」

二〇一六年リオパラリンピック。世界選手権で三種目を制したエリーは優勝候補の筆頭として目されてリオデジャネイロに乗り込んだ。

当然であろう。前回のロンドン大会では女王ナタリー・デュトワを破って世代交代を示し、一時は引退したものの華々しい世界記録とともに復活を遂げているのだ。しかし、初めて経験する追われる者としてのプレッシャーが、彼女をかつてない緊張感に包み込んでいた。復帰したばかりのグラスゴー世界選手権では、攻めの水泳で栄冠を勝ち得た。しかし、ディフェンディングチャンピオンとして戦うというのは未踏の領域であった。失うものは無いというところから強靱なパワーを発揮していた彼女にとって、地位を守るというのは、心理的に大きな変化を余儀なくされた。

期待された一〇〇m自由形S9では水に乗れず三位。「パラリンピックでこれほど悔いの残るレースは初めて」と弱音を見せた。管理から解放されたはずなのに、王座を死守しなくてはならないという気持ちに支配されていた。北京、ロンドンに続いて三大会目となるリオこそが、彼女にとって初めての怖さを知る場となった。五〇m自由形S9もまた二位であった。

「ゴールドメダルが欲しい」と切実に思った。最後の個人種目となった。一〇〇m背泳ぎS9。再び挑戦者となったエリーはすべてをさらけ出した。緊張の呪縛を打ち破った結果、本来の泳ぎを取り戻した。結果は一分〇九秒一八、パラリンピック大会新記録を出しての優勝。金メダルの瞬間、震え立つようなガッツポーズで水を叩いた。オーストラリアの応援席を見ると家族が跳び上がっているのが見えた。

## 「だってそれが私だから」

リオの大会が終わった後、ディレクターの白井は、壮大な質問ですが、と前置きして「あなたは今、幸福ですか？」と聞いた。エリーは即答した。

「リオに来て不調で、金メダルが取れなかった日々に私はそれを六〇〇回は自問したの。『私は幸福だろうか？』と。陳腐に聞こえるかもしれないけれど、私は世界で一番幸せな人間です。良い家族に恵まれてスポーツに集中できる。これより、幸運なことはありません。足を失ってから私が一番学んだことは、物事をマイナスから見るか、プラスから見るかということ。もしも肩を手術しても、泳ぐことができなくなっても、きっと他に熱中することを見つけて情熱を燃やしたと思うの。だってそれが私だから（WHO I AM）」

足の切断、肩の故障、幾度も絶望の淵をのぞきながら、その度に不死鳥のごとく蘇って来た。

白井はエリーを描いたドキュメンタリーの最後にこんなナレーションを被せた。

「彼女は何かを失ったのだろうか？　笑顔で首を横に振るに違いない」

**エリー・コール**

1991年生まれ。3歳のとき、腫瘍により右足膝上を切断後すぐ水泳を始める。12歳で本格的に競泳を開始し、2006年に国際試合デビュー。パラリンピックでは北京、ロンドン、リオ大会に出場した、爽やかさと知性を併せ持つ、競泳大国オーストラリアを代表するスイマー。

# 第二章

【サフェト・アリバシッチ】

## 「オレはこのスポーツを通して、ノーマルに生きることができるようになったんだ」

――「民族浄化」の時代に、シッティングバレーボールと出会う

文　黒川祥子

## 一．宿敵イラン

バルカン半島北西部に位置する、ボスニア・ヘルツェゴビナ。ボスニア内戦の記憶が未だ生々しい、この小さな国には、オリンピック・パラリンピックを通して唯一、金メダルを獲得している競技がある。

それが、パラリンピックのシッティングバレーだ。金メダルどころか銀メダルも銅メダルも、ボスニアという国にはこの競技以外、一つももたらされてはいない。

アテネパラリンピックで初めて金メダルに輝いたボスニア・シッティングバレーだが、次の北京では銀メダルに甘んじ、ロンドンで再び金メダルに返り咲いたものの、連覇をかけたリオでは銀メダルと涙を呑んだ。

頂上対決の相手はいずれも、イラン。男子シッティングバレーの覇者となる二つの国は皮肉にも、戦場となった苛酷な過去を持つ。ボスニア内戦については後述するが、イラン革命直後のイランと、サダム・フセイン独裁下のイラクとの間で、一九八〇年に勃発したイラン・イラク戦争は八年もの長期にわたり、両国で一〇〇万人前後の死者を出す激しい戦闘が繰り広げられるものとなった。

## 戦争に起源を持つスポーツ

そもそもシッティングバレー自体、戦争により体が不自由になってしまった人によって、一九五六年にオランダで考案されたスポーツという始まりを持つ。

下肢などに障がいのある選手がプレーする、六人制のバレーボールだが、シッティングというその名の通り、床に臀部《でんぶ》の一部を常に接触したまま行うものだ。

シッティングバレーは一九八〇年にパラリンピックの正式種目となり、八三年からは世界選手権も開催され、世界へ広まる競技となった。

ルールはボールや得点、セット数などは健常者バレーと同じなのだが、ネットは男子が一・一五メートルと低く、コートも小さい。センターラインからアタックラインまでが二メートル、アタックラインからエンドラインまでが三メートル、エンドラインが六メートル。健常者バレーより一回り小さい、六〇平方メートルのエリアで、シッティングバレーは行われる。

健常者のバレーと違って、競技者の位置は臀部の位置によって決まるので、手足がアタックゾーンやコート外のフリーゾーンにあってもいい。ネットを挟んで、相手の足がこちらへはみ出していてもいいし、サーブの際は臀部がエンドラインの外に出ていれば、手足がコート内に入っていてもいい。

また、アタックやブロックの際に臀部をコートから浮かしてはならないというルールがあり、「リフティング」という反則を取られる。レシーブは短時間であれば臀部を浮かしてもいいが、その判断は審判に委ねられる。

シッティングバレーの最大の特徴は、そのスピードだ。健常者バレーと同じボールを使っていると思えないほど、ボールが軽く見える。両手を使って素早くボールの下へ動き、床に背中をつけてボールを上げる。よいトスを上げることができるよう、セッターへつながる正確なレシーブが重要なのは、健常者バレーと変わらない。そしてよいトスが上がった時には、豪快かつ重量感のあるアタックが炸裂する。手に汗握るラリーは、シッティングバレーの最大の見どころだ。選手は見事な反射神経で、肩でも足でも頭でもボールを上げる。ボールが生き物のように変化するので、反射神経と読みが健常者バレー以上に求められ、アタックだけでなく、ブロックもフェイントも重要な武器となる。

二〇一二年九月八日、ロンドン。八月二九日から開催されたロンドンパラリンピックも残すところあと一日、シッティングバレー男子決勝戦が始まろうとしていた。決勝に残ったのは、ボスニア・ヘルツェゴビナとイラン。まさに世界の二強だ。

ボスニアにとっては、前回の北京で敗れた雪辱を果たす負けられない戦いとなった。

このボスニアの鍵を握る人物が背番号一〇、エースアタッカーのサフェト・アリバシッチだ。

一九八二年生まれで、当時二九歳。一二歳の時に内戦下の故郷の村で地雷を踏み、左足のかかとを失った。

サフェトだけでなく、ボスニアの選手たちのほとんどが内戦で負傷し、下肢に障がいを負った者たちだ。キャプテンでセッターのサバフディン・デラリッチも、兵士として戦っている最中に負傷、右足を失った。

## 手足を使って移動する

シッティングバレーは、生活の場面で使用している義足や装具を外して行う競技だ。チームメイトのほとんどが両手を使い、お尻を滑らせてポジションにつく中、サフェトは両足にシューズを履き、立ってコートに入る。両足にシューズを履いている選手自体、数えるほどしかいない。左足かかとのみの損傷は障がいの程度から言えば、足を切断したケースよりはずっと軽いと言える。皮肉なことにシッティングバレーの場合、サフェトのように片足を曲げて座る選手はどうしてもお尻が浮きやすく、ファウルを取られがちになるため、完全に脚がない方がむしろ有利なのだ。

サフェトは歩いて自分のポジションまで行き、そこで座る。今回は、前衛センターからのスタートだ。

サフェトは、シッティングバレーをこう語る。

「シッティングバレーは簡単なスポーツではない。まず、ずっと座っていないといけないし、その姿勢のまま、手足を使って移動しないといけない。ボールスピードが速いので気をつけないといけない。プレー中は、一瞬たりとも気が抜けないスポーツだ」

さらにこうも付け加える。

「何と言ってもスピードだ。シッティングバレーは狭いコートで行う。だからこそ、素早くいいポジションを取る必要がある。素早い反射動作、それに素早いアタックも非常に大事になってくる」

不敵な面構え、相手を射抜くような鋭い眼差し。キャプテンのサーブを背中に意識し、ネットの前で両腕を上げて身構えるサフェトは、コートの外とは別人だ。目がケモノのように光る。

第一セット。豪快なアタックをサフェトが要所要所で決めるも、一九対二五でイランが先制。

第二セット。二点目を決めたのは、相手方ネット下に鋭く落とす、サフェトの壁のようなブロックだ。これで流れに乗るかと思いきや、ボスニアにミスが続き、三対七とリードを許し、なかなか流れが摑めない。この嫌な流れを一掃したのが、サフェトだ。アタックライン中央に切り込む、角度ある豪快なアタックで四点目を取るや、ボスニアは連続得点を叩き出し、一点差にまで詰め寄る。

シーソーのような拮抗が続く一二点目、息の詰まるような長いラリーを制したのはまたもや、サフェトのアタックだ。二枚ブロックの間隙を縫った、スピードと重量感あるアタックがアタックライン手前に食い込むように炸裂。イラン選手は瞬間、手も足も出ない。

接戦の末、二五対二一で第二セットの勝者はボスニア・ヘルツェゴビナ。これで、一対一のタイだ。

「オレはここで得点しないといけない」

勝敗を決すると言っていい、第三セット。このセットをどちらが取るかで、金メダルへの流れが加速することは間違いない。

イランが一三対一六と三点を連取し、ボスニアを引き離そうという流れを止めたのは、一四点目のサフェトのアタックだ。レシーバーを吹き飛ばしたボールは、観客席まで飛んでいく。その後は長いラリーが繰り広げられ、二〇対二〇、二一対二一、二二対二二と両者、一歩も引かないプレーが続く。

サフェトは、「ここだ！」と確信した。

「二二対二二の時だ。その時、キャプテンがボールを高く上げたんだ。その瞬間に、いろんなことが決まるんだということが、オレの中ではっきりした。オレはここで得点しないといけない。思いっきり打った。ここが、試合の大きな潮目だった」

肩の可動域の広さを生かした、上から振り落とすような強烈なアタックがブロックを破壊、これで二三対二二。会場がうわーっと盛り上がり、頼もしいエースを讃えて、仲間がサフェトに駆け寄ってくる。

二四点目の得点も、サフェトだった。相手の隙をついた、正確なフェイントが見事に決まり、これで二四対二二。

サフェトは冷静だ。相手をしっかり見ている。

「その時、オレは自分に言い聞かせた。イラン選手は疲れている。だから相手のアタックをブロックせず、アウトを狙う作戦に切り替えよう」

ボールが何度かネットを行き交った後、イラン選手がレフトからアタックを試みる。センターにいたサフェトはブロックするかと思いきや、すっと両手を落とした。一瞬のことだった。

「ずっと手を上げていたんだが、リスク覚悟で、相手がアタックする瞬間、手を下ろしたんだ。指に当てられないようにね。それでアウトになり、こっちがセットを取ったわけだ。このプレーは、試合全体の大きな転換点だった」

イランのアタックはノータッチで、エンドラインを越えた。これでボスニアが二セットを連取、セットカウント二対一と、金メダルへ王手をかけることとなる。

ボスニア代表監督のミルザ・フルステモビッチは言う。

「サフェトが普通の選手と違うところは、決勝戦など最も困難な時に素晴らしいプレーをすることだ」

三セット目をもぎ取ったサフェトのプレーで、流れは一気にボスニアのものとなる。

第四セットの一二点目、二枚ブロックのわずかな隙をついて相手コートに鋭く切り込むアタックは、「これぞ、世界一！」という迫力とスピードを宿敵・イランだけでなく、満天下に示した。

もはや、これが最終セットであることは誰の目にも明らかだった。イラン選手が意気消沈していることが、表情から読み取れた。

二四対一五、いよいよ、ボスニアのマッチポイント。キャプテンのデラリッチが、イランのアタックをブロック。イラン選手がレシーブしたボールは大きく後ろへ弾かれ、エンドラインを割ってそこで落ちた。

バルカンの小国、ボスニア・ヘルツェゴビナが宿敵・イランにリベンジを果たし、念願の金メダルを手にした瞬間だった。

「四セット目は前より、ラクに取れた。どの決勝でもそうだが、自分が最後の得点を決めたいものだ。でも後ろのラインにいたので、チームメイトがその役割を果たしてくれた。ヨーロッパ選手権や世界選手権も価値のあるものだが、パラリンピックとオリンピックは全スポーツの頂点だ。最強の選手たちが最高の状態で臨むわけだから、他の大会とは比較にならない。オリンピックのメダリストと同じように、パラリンピックのメダリストは永遠に名を残すことになる」

寡黙で、試合中もほとんど感情を表に出さないサフェトが自陣に戻った瞬間、両手でガッツポーズを作り、膝立ちになり、ウォーと獣のような雄叫びを上げた。

ここぞという場面に、冷静でクレバーな判断力を発揮し、試合を決めたサフェト。そのプレーが認められ、ロンドンパラリンピックの最優秀選手（ＭＶＰ）に選ばれた。

## ニヤリと浮かべた柔らかな笑み

国旗が中央に高々と掲げられ、金メダルを胸にしたボスニア選手は、誰もが晴れやかな表情だ。もちろん、サフェトもそうだ。

「最高の気分だったよ。世界に対して、ここに小さな国があり、その名前がボスニア・ヘルツェゴビナなんだとアピールできたんだ。ここ数年間にわたって、何倍も大きな国を相手にして、このスポーツでは、ボスニアという小さな国がチャンピオンなんだということをアピールしてきたが、ここでまた証明できたのだから」

サフェトにとってシッティングバレーは、障がい者となった自分を再生させてくれた唯一のものだ。

「シッティングバレーを通じて、いろいろなものを手に入れた。もし、シッティングバレーをしていなかったら手に入らないようなものをね。このスポーツに、本当に感謝しているよ」

口数の多くないサフェトが、ニヤリと柔らかな笑みを浮かべる。

「バレーは人生の一部になっているよ。オレの人生を救い、喜びを与えてくれた。バレーを通じて祖国の復興をアピールでき、オレ自身の力も世界の舞台で証明できた」

サフェト・アリバシッチ。

一二歳で地雷を踏んだことで、大きく変わってしまった人生。

「しかし時は流れ、今は自分のやるべきことがわかっている。『信じるもの』と『守るべきもの』があり、そして何より、『戦う理由』があるのだから」

## 二．不屈のボスニア魂

かつて、「ヨーロッパの火薬庫」と言われたバルカン半島。この北西部に、ボスニア・

ヘルツェゴビナはある。ヨーロッパと中東の間に位置し、歴史的・地理的にも東西文明の交差点として、多彩な文化が共存する「東西の十字路」として知られる場所だ。

首都はサラエボ。サフェト・アリバシッチはここで、二歳年下の妻と幼い娘と三人で暮らしている。

サラエボといえば、多くの人が記憶するのは一九八四年に開催されたサラエボ冬季オリンピックより、殺戮が繰り返されたボスニア内戦だろう。

旧ユーゴスラビア連邦の中で唯一、特定民族の国家名を作ることができないほど、多民族による混住が進んでいたボスニア・ヘルツェゴビナ。旧ユーゴ時代は、イスラム教徒のボシュニャク人、セルビア正教徒のセルビア人、カトリック教徒のクロアチア人という、

三民族共存の地だった。サフェトはじめ代表チームメンバーはみな、ボシュニャク人だ。

三民族の違いは宗教のみで、言語も文化も一緒。民族同士の結婚も進み、ボスニアで三民族は融和的に暮らしていた。それゆえ、ボスニア内戦は隣人同士が殺しあう最悪の悲劇となった。

一九九一年から旧ユーゴの解体が始まり、スロベニア、クロアチア、マケドニアが独立を表明する中、九二年、ボスニア政府はセルビア人がボイコットする中で国民投票を強行、独立を決定した。セルビア人は独立を拒否、直ちに内戦が勃発した。

首都・サラエボは九二年四月五日から九六年二月二九日まで、ほぼ四年という長期に亘《わた》り、セルビア人勢力によって包囲された。盆地というすり鉢状の街の、そのすり鉢の縁に隙間なく軍隊が配備され、子どもから年寄りまで一般市民が標的にされ、生活の舞台が一夜のうちに、戦場と化した。

## 故郷が「民族浄化」の場所に

一方、サフェト・アリバシッチが生まれたボスニア北西部はセルビア人勢力に占領され、「民族浄化」という名の虐殺が繰り広げられた場所となった。ボスニア南部は主にクロアチア人勢力との交戦地域となった。

一九九五年に停戦を迎えたが、死者二〇万人、避難民は二〇〇万人という悲劇を生み、約四万人が障がい者として生きなければならなくなった。

サラエボオリンピックの栄光を刻んだ競技場は今や、夥《おびただ》しい数の白い墓石が並ぶ、市民の墓場となっている。

現在も至るところのビルやマンションの外壁には、激しい銃撃や砲弾の痕が生々しく残り、市民が暮らす家々が攻撃の対象とされたことを物語る。

サラエボ市民は紛争時、いつ被弾するかわからないという恐怖と隣り合わせで、日常を送ることを余儀なくされた。

サフェトの妻であるアムラもまた、戦場となった街で生きざるを得なかった子どもの一人だ。

「戦争が始まった時、私は九歳でした。始まった時は、パルチザンの映画かと思いました。爆弾が落ちるので、一応かがむんですが、これは映画なのだから何も実害はないと思いたかった。だけど実際は家に連日、銃弾が撃ち込まれ、父は戦場から帰ってこない。食料も水も電気もない。そんな中、毎日、学校に通っていました。戦争中なんですが、その頃が、一番よく遊んでいた時代です。だって、子どもだったから。ありがたいことに私たちは生き残れ、私の家族は誰も怪我さえしませんでした」

サフェトたち一家三人が暮らすマンションの外壁にも、「当たり前のように」銃弾や砲弾の痕が残されている。

三歳の娘・アヤに、サフェトは慣れた手つきで哺乳瓶でミルクを飲ます。コートの中とは別人のような柔和な表情のサフェトの傍で、アムラが言う。それはボスニア人誰もが抱く、同じ思いだ。

「ニュースなどを見ると、また戦争が起きるという人もいますが、当然、そんなことが起きてほしくありません。自分やサーヨ（サフェトの愛称）のためだけでなく、アヤのためにも決して。私たちがやっと生き延びた体験など、あの子にはしてほしくありませんから」

## 観光マップに記された負の遺産

サラエボ市内の観光マップでひときわ目を引くのが、「スナイパー通り」という名称だ。占拠された高層ビルから、この通りを歩く人たちをスナイパーが狙い撃ちした場所なのだが、その忌まわしい記憶が息づく通りを敢えて、「スナイパー通り」として観光名所にしてしまう。このサラエボ市民のアイロニカルなユーモアは、サラエボ市民が持つ不屈の精神に裏打ちされたものなのか。

「サラエボの薔薇」もそうだ。サラエボ市内のアスファルトには、いくつも赤い点々がある。砲弾や爆撃によって死者が出た場所に残された、砲弾痕や銃弾痕に赤い樹脂を流し込んだものだ。それを敢えて、サラエボ市民は「サラエボの薔薇」と呼ぶ。

当時、陸の孤島となった街にとって唯一、外との出入り口となった生命線が、空港近くに掘られたトンネルだ。その一部も「トンネル博物館」として、一般に公開されている。サラエボ中心部から車で一時間ほどの場所に、かつて八〇〇メートルあったトンネルが二〇メートルほど残され、当時の写真、衣類や武器、配給された食品、物資を運ぶトロッコなどとともに展示されている。

激しい内戦下、このトンネルを通って国際試合へ出場を果たした人たちがいた。それが、シッティングバレーのボスニア代表だ。人一人がやっと通れるほどの狭さのトンネルを、足に障がいがある人たちが歩いて「外」を目指したのだ。

ボスニア・ヘルツェゴビナという、経済的にも貧しく、人口も多くない小国がなぜ、シッティングバレーという競技では世界の頂点に立ち続けているのだろうか。

それが、サフェト・アリバシッチを取材するにあたり、ディレクター・大久保瑞穂《おおくぼみずほ》が重要な切り口としたテーマだった。ボスニア・シッティングバレーの強さの原点は、一体どこにあるのか。

その鍵を握る人物が、ボスニア代表監督のミルザ・フルステモビッチだ。ボスニアにシッティングバレーを普及させ、代表チームを世界一に導いた名監督だ。

小児マヒで足に障がいがあるミルザは一九八〇年代、シッティングバレーのユーゴスラビア代表メンバーだった。

「ここサラエボで、シッティングバレーが始まったのは一九八二年頃。仲間と一緒に『サラエボ』というチームを立ち上げたんだ。当時はクロアチア、スロベニア、マケドニア、セルビア、ボスニア・ヘルツェゴビナ、モンテネグロの各共和国にチームがあり、その間で大会が実施されていた。その優勝チームが、ヨーロッパ選手権に出場するんだ。それ以外にユーゴスラビア代表の活動があり、私は八六年から代表選手だった」

ミルザ自身、シッティングバレーを通して多くのことを学び、実践してきた。そこに戦争が起きた。

「最初は小競り合いから始まって、そんなに長期間、戦争が続くなんてちっとも思っていなかったよ。だが結局、戦争は九五年末まで続いた。私の役目は、あの恐ろしい状況の中で、負傷者の対策を組織化することだった。当時は生きていればまだマシで、それでも食料が不足するなど深刻な事態になっていた。そこにどんどん、前線から負傷した若者が帰ってくるんだ」

## 練習場所へ行く交通手段さえ無いなかで

戦争はシッティングバレーの環境を否応なく変えた。

「あちこちの地区で負傷した人間が増えたんだ。今日、前線から生きて戻ってきたが、足を無くした、そういうハンディキャップを負った若者たちがたくさんいた。彼らにとっては二、三日前と生活が全く変わってしまったんだ。そうした青年たちのために、できるだけ早くインフラを整備してあげないといけないと考えた」

前線で戦った兵士だけではない。市民が犠牲になるケースも多々あった。

「彼らは目の前で爆弾が爆発して、何日も経っていない。戦争で怪我をして障がい者になって、生活が激変してしまう。そういうことが、短時間のうちに多くの若者に起きたんだ」

ミルザたちはサラエボに「障がい者スポーツクラブ」、略して「ＳＰＩＤ（スピード）」を立ち上げた。そして負傷者を治療する病院などに出向き、医師に話をし、患者向けにスピードの連絡先などを書いた紙を貼った。

「シッティングバレーに関心のある人は連絡してほしい」

病院では、どんなスポーツなのかが一目でわかるように、プレーを紹介するビデオも上映した。

「当時、われわれもよくやったと思うよ。というのも、交通手段がないんだよ。だから、どうやって練習場所まで行けばいいのかを、応募者に教えるところから始まったんだ」

戦争も二年目になると、砲弾に怯えるだけの生活に変化が訪れる。

「最初の年は生存することで精一杯だったが、人々はそれに慣れて、壁に囲まれたスペースなどで、スポーツなど楽しめることを始めるようになったんだ。一種の環境適応、あるいはサラエボ市民の生活方法の変化とも言える。生き残る、凍死しないという最低限の目標から、環境に対応して生活が変化したわけだ。それは士気を養うことにつながった。生活に必要なものを確保するのが難しい状況は続いていたものの、九三年ぐらいから、ゆっくりとスポーツなどに目を向けて行ったんだよ」

スポーツだけではない。トンネル博物館には紛争時に行われていたコンサート、演劇、バレエ、サッカーをはじめ各種スポーツのフライヤーが貼り出されている。スナイパーが狙う通りを、身を守りながら通り抜け、サラエボ市民は劇場やスタジアムに向かったのだ。

アイルランドのロックグループU2とイタリアのオペラ歌手、ルチアーノ・パバロッティがコラボした楽曲「ミス・サラエボ」では、紛争下に行われた「ミス・コンテスト」を歌っている。そのミュージック・ビデオには、にこやかに微笑む水着姿の女性たちが、「Don't Let Them Kill」と書かれた横断幕を掲げた姿が映し出される。

戦時下であっても美しくいること、楽しむこと、そうやって日常を生きることが、サラエボ市民にとっての反抗であり、戦争への抵抗だった。

シッティングバレーも同じだ。足に障がいを負った人たちが戦火をくぐり抜けて夜な夜な集まり、トレーニングを行った。

「シッティングバレーの練習に、あちこちから集まってきた。その当時は一三人か一四人。サラエボの外からもやってきた。もちろん、みんな、障がい者だが、自分の町ではシッティングバレーができる環境がなかったからだ」

## PTSDに苦しむ若者たち

紛争三年目の九四年には、最初のシッティングバレー大会を開催するまでとなった。クラブチームは「スピード」ただ一つ。

「その大会に出場する若者は、激戦地だったドブリニャ地区から何キロもの道を歩いて来なければならなかったし、郊外のフラスノ地区から来た若者もいた。クラブは一つだけだったから。これが『スピード』の始まりだよ」

「スピード」の設立は、一九九四年。最初は一〇人ほどのメンバーだったが二〇人、三〇人、四〇人、五〇人と増えて行った。失意のどん底に突き落とされた若者たちが、シッティングバレーを通して生き返って行く。障がいを負った人たちのリハビリと社会復帰が、クラブ設立の目的だった。

今は「スピード」の事務所になっている部屋で、ミルザたちはバレーボールのトレーニングを始めた。

「スポーツをするには狭い部屋だったけど、まあ、トレーニングはできたよ。トレーニング中、近くに爆弾が落ちてガラスが割れたこともあった。その割れた窓にはＵＮＨＣＲ（国連難民高等弁務官事務所）のシートを張って、寒さをしのいだよ。ここだって危険だったし、ここへの行き帰りでは、爆弾かスナイパーからの攻撃を避けなければならなかった」

それでもメンバーは集まってきた。突然、障がい者となってしまった、ＰＴＳＤ（心的外傷後ストレス障害）に苦しむ若者たちだ。

「みんな戦争で、身体の一部を失った。家に閉じこもり、何もすることがない連中だった。だけど、ここに来ている間は煩《わずら》わしいことを考えなくて済む。嫌なことを忘れるため――、それが『スピード』の始まりだった」

ミルザたちはサラエボだけでなく、ゼニツァやトゥズラなど中部の諸都市と連絡を取り、それらの都市でも「スピード」と同じようなプロジェクトを始められるように働きかけて行った。

そして紛争下の九四年、ボスニア初のシッティングバレー大会が開催されたのだ。サラエボからは「スピード」、ゼニツァからは「ゼニツァ92」、トゥズラからは「トゥズラ」の三チームが出場した。以後、サラエボで四つ、ゼニツァで三つ、トゥズラでは五つのクラブが結成されるとともに、国際大会へも参加していく。

九四年にはクロアチアのザグレブで行われた欧州選手権の予選に出場、九五年にスロベニアで開かれる欧州選手権の本大会への出場権を得た。

二四時間包囲されているサラエボから、どうやって外へ出るのか。外へ出たとて戦地であることに変わりない。

「全て、トンネルを通って行ったよ。大会のための準備合宿をゼニツァでやった時には、サラエボから四五～五〇キロの距離を、激戦地を避けながら、三日間かけて山道を歩いて行ったんだ。もちろん、交通手段があるところはそれを利用したよ。歩いたり乗ったり、乗り換えたり。いずれにせよ、交戦中のクロアチア人地域にかかるところは避けるため、大幅に遠回りしてね」

全員が足に何らかの障がいを負っている。その人たちが国際大会のトレーニングを行うために、山道を三日かけて歩き、目的地にたどり着く。

国際試合に参加するにはもちろん、国外へ出る必要がある。空港はセルビア人勢力に占拠され、飛行機は使えない。トンネルの出口は、セルビア人勢力の軍隊が待ち構えていて狙われることも多い。そんな中をボスニア代表メンバーはトンネルを抜け、バスで国境を越えた。

「バスと言ったって、銃弾でボコボコに穴の空いたヤツさ。そのバスはマイナス一七度まで気温が下がっても、窓ガラス一枚さえも無いという代物だった」

ミルザは豪快に笑う。

「別の時に使ったバスはスプリングが無くて、みんな、トラックに積まれたジャガイモのようだったよ」

だけど、そんなことは問題じゃなかった。

「とにかく、その時には現地に到着するということが最優先で、つべこべ言っていられなかった。乗り物が無いなら歩いたし、もし敵の兵隊が『捕虜になれば連れて行ってやる』というなら、『どうか、お願いします』と捕虜になったことだろう。実際、そんな場面はなかったけどね」

ここが、原点なのだ。

「その当時からすでに、目的のためには何でもやる、諦めない不屈性がチームの性質としてあったことになる。われわれは戦時下でも、こうすれば目的のものが手に入るという経験を積んだ。不屈性、一貫性、これらは現在でも続いている」

激しい戦闘が続いていようが、自分たちはシッティングバレーがしたいんだ！　どんな困難にぶつかろうとも、この明確な意志を表明し、実行し、目的のものを手に入れてきたしたたかさ。その始まりから、不屈の魂というべきものをボスニアチームは身にまとっていた。

## 三．地雷

「ここだよ。ここで、地雷を踏んだんだ」

サフェト・アリバシッチは一二歳の時に、自分の人生を百八十度違うものに変えた場所に、取材クルーを案内した。トゥズラ県ルカバッツ、サフェトのふるさとだ。

周囲には、緑豊かな田園風景が広がる。二〇年前に戦場と化していたとは想像すらできない、のどかで美しい場所だ。舗装されていない小道の脇に草むらが続く。サフェトはその足で、おぞましい場所に立つ。

「ここを通るたび、あの時の画像が瞬間、頭を横切るんだ。だから、あまり来たくはない場所なんだ。ここを通るたびに、フラッシュバックのようにあの恐ろしい瞬間が蘇るんだ。ああ、オレの人生が破壊されたところなんだとまざまざと見てしまう」

## 足を奪っても命は奪わない

サフェトの生まれ故郷の村は、紛争開始の早い時期にセルビア人勢力によって占領され、激戦地となった。敵は撤退時に、地雷を仕掛けて去る。三年半に及ぶ紛争の間に、住宅地など場所を問わず、ボスニア全土で約六〇〇万個以上の地雷が埋められ、子どもの被害者も少なくない。とりわけ、ルカバッツはボスニア・ヘルツェゴビナで最も地雷が多い地域とされる。

戦争博物館の館長は、地雷についてこう解説する。

「対人地雷です。ボスニアで最も多い地雷がいわゆる『パテ』という缶詰型の地雷です。踏んだら爆発しますが、死ぬことはほとんどない。大抵は足を失います。なぜなら、これらの地雷は殺すのではなく、戦闘能力の麻痺が目的だからです。だから爆発物の量はそれほど多くない。戦闘作戦に加われなくするのが目的だからです。撤退時に仕掛けていくのが多いのですが、たとえば家の中に仕掛けて、家族が帰ってきて被害を受けるとか、テレビやおもちゃに仕掛けるというのも聞いています」

サフェトが踏んだ地雷もまた、足を攻撃するものだった。

その日、サフェトは母と一緒に、家がどうなっているのかを確認するために避難先から家へと歩いていた。

「家には火がつけられたようだった。全部が燃えて無くなっていなければいいなと願いながら、母とその道を通ったんだ」

野道のような細い道、ふと脇の草むらによろけたサフェトは、転ばないように柵を摑もうとした。だが、柵は摑めなかった。次の瞬間、サフェトの身体は道へと吹き飛ばされた。

「最初は砲弾が落ちてきたのかと思った。ところが足を見た時、何が起きたのかがわかった。砲弾ではなく、地雷を踏んでしまったんだと」

母・ズレハはその時のことを思い返すと、今でも涙がこぼれてくる。

「その時、煙しか見えませんでした。一体、何が起こったのか、なぜ煙が上がっているのか不思議に思い、息子に駆け寄ると、足が血だらけでした」

瞬間、サフェトの世界が暗転した。

「ここで間違った一歩を踏んでしまったばっかりに、自分の人生が全く変わってしまった。三歳で父が亡くなり、一〇歳で戦争が始まり、そ

して一二歳で足の一部を失う。人生には悪いことばかり起きるんだと思ったよ」

最初は痛みを感じず、血がドクドクと流れ、なぜか、あたたかかった。近くに味方の軍がいたので、母と一緒に急いで向かった。足に包帯が巻かれ、バンに乗せられ、救急病院へと向かう。

「足の一部を無くしたことは自分でもわかっていた。足全部を失うことにならないよう、そう祈っていた。病院へ行き、手術を受けた。その後ははっきりしてなくて、ある時、目を覚ましたんだ。家にいるとばっかり思って、トイレに行こうと立ち上がったんだ。普通に、足があると思って。それで倒れてしまった。それから、また手術を受けたんだ」

足が吹き飛んだのはわかっていた。数日後、医師から単純な怪我ではなく、かなり深刻なものだと伝えられた。医師たちは何とか、足を切断しなくて済むよう、足を救おうと考えていた。


**ここに地雷があるってわかっていたら……**


母・ズレハは医師から告げられた。

「足を切断させたくなければ、外国で治療すべきだ」

サフェトはたった一人でドイツへ渡り、九七年までドイツで治療を受けることとなった。

「ドイツで、左足かかとの切断手術を受けなければならなかった。少年がたった一人、知らない国へ行き、そこで何とか暮らして行くのは本当につらかった。母とよく電話で話していたけど、泣いていた方が多かった」

ついちょっと前までは、同級生たちと一緒に走り回って遊んでいた。遊びでも負けたくなかったし、サッカーでも自分のチームが勝たないといけないと思っていた。

「運よく足の切断は免れたけれど、だけどもう、自分の周りの世界が崩れ落ちたと感じたんだ。これからは同級生たちと同じ権利を持つことはできない、彼らと一緒に走ったり、サッカーをしたりすることはもう、できない。身体の一部を失ったことは、自分の世界の終わりだとはっきり思った」

全てが変わった場所に立ち、サフェトは今もはっきりと思う。

「二〇年以上前のことだけど、ここに地雷があるってわかっていたら、踏んだりはしなかった。でも、ここにあったんだ、地雷が。それを左足で踏んでしまった……」

一九九七年、サフェトはボスニアに戻る。一四歳になっていた。内戦は二年前に終結し、砲弾に怯える日は過去のものとなっていた。

故郷に戻ったサフェトは、家にひきこもりがちになった。

「ボスニアに戻ってきた時、どうしていいのか全くわからず、希望をすべて失っていた。杖をついて歩くたびに激痛が走り、本当につらかった。でもそれよりも、同年代の子どもたちに、杖をついて歩く自分を見られるのが一番嫌だったんだ。彼らは何も持たずに歩けるのに、オレには装具が必要だったから。学校でみんなが走っているのに、オレはゆっくりしか歩くことができない。どうしたって、追いつくことができないんだ」

## やっと出会えた「正しい道」

ひきこもりがちなサフェトを、母や友人たちは何とか外へ連れ出そうとした。母親は地元の障がい者スポーツクラブを勧めた。これがサフェトと、シッティングバレーの出会いだった。ルカバッツには、「シノヴィ・ボスネ」というクラブチームがあった。

そのチームにはエディン・イブラコヴィッチという、当時のボスニア・ヘルツェゴビナ代表選手がいた。エディンやクラブチームのメンバーから勧められ、サフェトはシッティングバレーのトレーニングを始めることとなる。

「最初のコーチが、オレ一人でボールを壁に当てて練習させたんだ。今じゃ考えられないことを。壁に一〇〇回ボールを当てろ、一〇〇回指で弾けとか、横に弾き出せとか。でも上達したい気持ちがあったし、とにかくトレーニングに通ったよ。多くの同級生はオレが障がい者のスポーツをしているとからかった。オレには他のスポーツはできないのに。でも、オレがこのスポーツで成功するように、トレーニングをしっかり続けるように励ましてくれる友達もいた。そのおかげで、オレは正しい道を選んだと思えたんだ」

　サフェト自身、足は失っていないが、チームメイトには片足どころか両足を切断した選手もいる。

「一回目のトレーニングを終えて家に帰り、寝ようと思って目を閉じると、足のない人ばかりが見えてきて、正直、恐ろしくなった。でも時間とともに、その恐怖に打ち克ち、受け入れることができた。こんなオレだったのに、チームメイトはいろいろと助けてくれて、みんなの間に溶け込めるように協力してくれた。それはとても貴重な体験だった」

　とはいえ当時、一五歳のサフェトはなかなか、年上の人たちに馴染むことができない。

「周りが大人ばかりで、馴染めなかったんだ。しかし、一年後、一歳年上のエルミン・ユスフォビッチという友達が入ってきたことで楽しくなり、真剣にバレーに取り組むようになったんだ」

　エルミンが、会ったばかりの頃の写真をサフェトに見せ、こう話す。

「同じ年頃のサフェトがチームメイトだったので、バレーは楽しかった。お互いが心の支えになりました。友達としても頼り甲斐があり、コートの外でも友達だし、いいヤツですよ」

　エルミンは九七年五月、畑仕事をしている最中、地雷を踏み、片足を切断した。

「これで、同年代のスパーリングパートナーができたんだ。年上の先輩たちから学ぶことは多かったけれど、やっぱり、エルミンと練習したほうがラクだった。何か間違えたら、一緒に改善していこうと話し合っていけたから」

止まっていた、サフェトの時計が動き出す。

「とにかく、自分が障がい者であることを受け入れなければ何もできないことがわかったんだ。バレーボールは、自分の人生に間違いなく、喜びをもたらしてくれた。バレーボールはオレに普通の生活を取り戻させてくれた。バレーボールとともに、これまでとは別の道を歩み始めたんだ」

二人の成長にとって、ボスニア・ヘルツェゴビナ代表選手である、エディン・イブラコヴィッチの存在は大きかった。どんなトレーニングをすればいいのか、どんな振る舞いをすればいいのか、若い二人はエディンからどんどん吸収していく。

「オレたちがシッティングバレーで成功するように、あらゆる努力をしてくれた。技術面だけでなく、サラエボの『スピード』に移籍するためのコンタクトや、代表チーム入りにも、彼はオレとエルミンのために大きな役を果たしてくれた。彼こそ、オレたちにとって代表チームの扉を開いてくれた人だと確信するよ」

## 見違えるように育った大男

この時期のサフェトを、ボスニア代表監督であるミルザ・フルステモビッチも鮮明に記憶する。

「九六年か九七年、私のクラブの『スピード』がルカバッツに遠征に行ったんだ。あっちの監督の隣に子どもが座っている。『そのチビは誰だ?』と聞いたら、『これは、サーヨ(サフェトの愛称)だよ、うちの選手だよ』という。初めて見たときは、まだ子どもだった。その数年後、サラエボでの大会でルカバッツのクラブに、背の高い二人の若者がいる。見違えるような大男になっていた」

サフェトとエルミンだった。ミルザに明確なビジョンが浮かんだ。

「彼ら二人を見た瞬間、これを活かさない手はない、彼らを使ったチームを作りたいという、ビジョンが浮かんだんだ。そこで二〇〇一年、ハンガリーのヨーロッパ選手権の前、私は彼ら二人、エルミンとサフェトを代表候補リストに入れた。サフェトは一二人の正式メンバーに入れてもいいと思った。エルミンは入れなかったが、観客席から試合を見せるために、サフェトを遠征に同行させた」

ハンガリーで、ミルザは驚きの行動に出る。

「サフェトの潜在能力の大きさを感じたんだ。それで、今考えると、自分でも理由はわからないんだが、決勝戦でサフェトに先発させるというチャンスを与えたんだ。彼に、まだその準備ができていないことはわかっていた。わざと第一セットを落とすつもりで出したんだよ。もちろん、そのセットは落とし、その後、われわれは追いつくんだが、サフェトにとっては実地体験としてプレッシャーはどんなものかを感じるいい機会になったと思う」

ミルザに才能を見抜かれたサフェトは、あっという間に表舞台に駆け上がる。ミルザが言う。

「サフェトは、試練を生き残ったんだ」

ちょうどその頃、ミルザが監督を務める「スピード」が、野心的に選手を補強しようとしていた。

「ルカバッツの関係者と話し合い、合意の上で、エルミンとサフェトを『スピード』に移籍させた。そうしたらあの二人は、サラエボに引っ越さないで、片道三時間、トレーニングのたびに車でサラエボにやってきて、終わったら、ルカバッツに帰るということをやり始めた」

ミルザの指導の下、サフェトはめきめきと実力を増し、ボスニア代表チームでも、チームの柱としてプレーするようになっていく。

エルミンは、当時を振り返る。

「サフェトとのいい思い出はたくさんあるけど、最も大切な思い出として心に刻まれているものを一つだけ選ぶとしたら、エジプトでのオレたちにとっての最初の世界選手権かな。二〇〇二年、イランに勝って、代表チームが優勝した。イランに勝ったのは初めてで、試合の後はみんな歓喜に満ちていて、熱狂して……」

サフェトの胸にも、熱く刻まれている大会だ。初めて代表チームのユニフォームに腕を通したサフェトも、このユニフォームだけは、今でも手元に残してある。

「公式試合で自分の国を代表するとき、試合だけでなく、準備など全てを決して忘れません。当時、オレは二〇歳だった。ボスニア・ヘルツェゴビナでは歓喜をもって見送られたのだが、エジプトに着くと、三対一でエジプトに負けてしまった」

その結果、準決勝でイランと当たることとなった。

「最初の試合に負けた時、そうなることはわかっていた。みんなで『どうなろうと頑張るんだ』と一致団結して臨んだ試合だった。運良く先に二セット取り、三セット目は九対一九で負けていた。それを先輩たちや選手たちの経験のおかげでひっくり返したんだ。二五対二二だった。一七年間、勝ち続けている強いイランを、王座から引きずり下ろしたんだ。ボスニア・ヘルツェゴビナのような小さな国が、大国イランに勝って決勝に進出したなんて、誰もが信じられなかったよ」

一七年間、世界の王者として君臨してきたイラン。戦争が続いたことで障がい者が増えたことに加え、ポリオ対策の遅れで生まれつき障がいがある子どもが増え、そのため、小さい頃からシッティングバレーに取り組むのが一般的になったことが、その強さの訳だ。

サフェトにとって初めてのパラリンピックは二〇〇四年、アテネだ。サフェト、二一歳の秋だった。決勝の相手はイラン。セットカウント二対一で、イランが一歩リード。四セット目は一九対二四で、イランが五回目のマッチポイントを迎えていた。

「オレにサーブが回ってきて、自分たちのベンチとイランのベンチを見たんだ。イランのベンチは喜びに沸いていて、泣き出す人もいた。すでに金メダルが取れると思っていたんだ。でも、幸運はこっちにあった。二七対二五で四セット目を取り、五セット目でイランを破ったんだ。そして初めて、パラリンピックの金メダルを、ボスニアが獲得したんだ」

ミルザはサフェトを、物心両面で支えていく。

「サフェトはとても速い成長を遂げた。後は、タイミングの問題だった。われわれはサラエボでサフェトに仕事を見つけて就職させることで、サラエボに引っ越してきて住むようにさせた。それほど、『スピード』と代表にとって、重要な選手だというわけだ」

サラエボで得たのは、オリンピックプールの職員という仕事だけではない。サフェトは妻となる女性と偶然、出会い、三一歳で結婚、三三歳の時に長女を授かった。

## 四．最強のエースアタッカー

サフェトの朝は早い。朝食を終え、六時には家を出る。リオパラリンピックまで六ヵ月。仕事の前に、専属トレーナーの指導の下、ジムでトレーニングを行うのだ。

朝食と言っても、ゆで卵の白身のみだ。三個ほどを手で口に運んで終了だ。妻のアムラが言う。

「もう四ヵ月もダイエットをやっていて、だから、私は今、自分と娘のアヤのために料理をするだけなんです。彼がやりたいなら、それでいいと思っています。時々、ちょっとかわいそうになるけど、でも仕方がないわ。彼が決心したことだから」

サフェトがさらりと解説する。

「今は体重を落とす期間なので、ひたすらトレーニングとプロテインさ」

妻と娘にキスをして、サフェトは車で職場へ向かう。サラエボオリンピックを記念して造られたスポーツ施設で、サフェトはプールの職員として毎日、フルタイムで働いている。ボスニアには国内三〇ヵ所に障がい者バレークラブがあるが、サフェトを含め、プロの選手はいない。

仕事が始まる前の一時間、専属トレーナー、アレン・グルーホの指導の下でみっちりトレーニングを行う。脂肪を減らし体重を落とす第一段階を経て、三ヵ月経った今は、シッティングバレーのためのコンディショニングトレーニングという第二段階に入った。

「正確に動け。最後まで、動作は正確に」

アレンがサフェトに声をかける。相当な負荷がかかっているのは、歯を食いしばるサフェトの表情からうかがえる。アレンはサフェトをこう見ている。

「サフェトの最大の特徴は、不屈の粘り強さだと思います。向上し続ける意欲は、信じられないほど強い。強い持久力も、彼の最大の武器ですね」

最も力を入れているのは、肩の筋肉を強くすることだ。過去に、肩の故障が何度もあった。サフェトは意識的に肩を鍛える。

「肩の筋肉を強くして強いスマッシュをすれば、正確ないいスパイクになることはわかっている。プレー全体を通して腕を動かしているわけだから、当然、肩は最も多くの動きに耐えなければならない。だから、故障も起こりやすい。最大限に、肩を強くしないといけないんだ」

シャワーで汗を流し、サフェトは仕事場へ向かう。

「二〇〇八年からここで働いていて、今は管理職だよ。このオリンピックプールで行われる全ての活動を、責任者として進めているよ。一二人の部下の、一ヵ月の勤務スケジュールも作らないといけない。ラクな仕事なんてないよな。でもオレは、自分の仕事に誇りを持っているよ」

プール開館時間の七時から二三時までは、職場を離れても何かが起きると呼び出されることもある。勤務時間を終えても、気が抜けない仕事だ。

夕方六時、サラエボ大学の体育館にそれぞれの仕事を終えた、「スピード」のメンバーが集まってくる。体育館の端の椅子に座って着替える選手たち。義足や装具を外し、ソックスをつける。

サフェトの左足が露《あらわ》になる。かかと部分がそっくり、斜めにえぐれている。両足にスニーカーを履いて歩く姿からは一見、障がいがあるとは思われにくいが、かかとがない状態でバランスを取りながら歩き、日常生活を送っているのだ。歩幅が狭い、ゆっくりとした歩みはかかとがないためなのだ。

二人が組んでアタックとレシーブを交互に行い、全員でコート内を素早く手で移動する練習やブロックの確認を行った後、試合形式の練習に入る。

サフェトのアタックが小気味よく決まる。ブロックを吹き飛ばすほどの破壊力を、遺憾《いかん》無く発揮する。

## 驚くほど広い肩の可動域

ボスニア代表キャプテン、サバフディン・デラリッチはプレイヤーとしてのサフェトを高く評価する。

「サフェトは世界最強のアタッカー、不動のエースだ。強烈なアタックを、狙った位置に正確に打ち込めるんだ」

最大の特徴は、柔軟な筋肉が生み出す、鞭のようなアタックだ。

「スピード」の監督であり、ボスニア代表監督のミルザはサフェトの強さをこのように分析する。

「サフェトのアタックの特殊性は、ブロックが効かないアタックということだ。ボスニアの言葉で『腕が重い』と言うんだが、彼のアタックは破壊的な強いボールを打てるという、特徴がある」

なぜ、そのような強靱なアタックを打つことができるのか。

「サフェトの筋肉は、ボクシング選手のようなんだ。彼のアタックを打つ時の筋肉は、ボクサーがノックアウトパンチを打つのと同じようなものだ。身体つきがそういう筋肉を使えるようになっている。一般に、攻撃はいかにして相手のブロックを避けるかを考えるが、サフェトはブロックに当てて破壊する。シッティングバレーの理想的なアタッカーだ。どんなブロックも破壊する」

驚くほど、肩の可動域が広い。大きく腕を振り上げ、後ろに腕を引き、思いっきりボールをミートする。アタックは弾丸のようにコートに突き刺さる。

サフェト自身、自分の特徴をよくわかっている。

「一番の特徴は強い肩、そして正確性。よいアタックを打つためにはアタックラインのエリアでよいポジションを取る必要があり、足の使い方も大事なんだ。足が身体を支えることで、腕の位置が決まる。オレの場合は、トスは高い方がいい。クラシックなアタックを打つタイプだからだ」

トスが上がった時からアタックまで、瞬時に多くのことを考える。

「理想的なトスならば、まず相手のブロックの位置を正確に捉える。一枚か二枚か、どの角度が空いているか。ブロックによって、ストレートなのかクロスなのかを打ち分けるし、指先の感覚でブロックアウトを狙ったショットも打つ。判断すると言っても一秒もない。多くの要素を一瞬で判断する」

しなやかな上半身から繰り出される、鞭のようなアタック。いいトスさえもらえれば正確無比、破壊力抜群のアタックを確実に打つ。

## 努力の理由

世界一のアタッカーの称号を持っているというのに、サフェトは毎朝、必死にウエイトトレーニングに励む。世界最強のエースアタッカーがなぜ、そこまでストイックに自分を追い込むのか。

　サフェトが一つのメダルを示してくれた。それは、北京パラリンピックの銀メダルだった。

「オレはこれを、『最も罪深い男のメダル』と呼んでいるんだ。オレはイランとの決勝で、何もできなかった。どう考えても、オレのプレーがチームの足を引っ張ったんだ」

　北京の二年前に行われた世界選手権で、サフェトはMVPに選ばれた。

「世界最優秀選手と認められたことで、もう頂点に辿り着いたと思ったわけさ。もう、先はないと思っていた」

　監督のミルザも気づいていた。

「完全に、自分を見失っていた。クレイジーになったんだ。頭を冷やせと、現実の世界に戻す必要があった。彼の場合は感情が強い。

ノーマルに戻すのは、いろいろ大変だったよ」

二〇〇八年北京パラリンピックでは苦い思いとともに、サフェトは得難い教訓を得た。

「努力がなければ、結果はついてこない。さらに努力する必要性を悟ったんだ」

サフェトが驕《おご》りを捨て去ったのには、もう一つ訳があった。それは妻と娘という、愛する家族の存在だった。

「家族とは一つの大きな柱で、家族の存在はオレにとって最も大きな支えなんだ。人生において得られる最高の宝物、それは子どものいる家庭だ。幸運なことに、オレはそれを手に入れることができた」

趣味のいい部屋で、サフェトは娘のアヤにメダルをかける。アヤはパパが大好きだ。

「娘は、オレのプリンセスさ。娘が生まれた後、世界選手権で最優秀選手になりたかったのは、娘にメダルを捧げたかったからさ」

傍にいる妻・アムラのこともサフェトは気づかう。

「試合前など神経質になっているオレに耐え、支えてくれた妻にも感謝しているよ。試合前の準備やトレーニングには、大きな理解が必要だから」

アムラはきっぱりと語る。

「サフェトは夫として素晴らしい人で、私は幸せです。お酒は飲まないし、タバコも吸わない。汚い言葉を使ったりしないし、夜遊びもしない。そして何より、責任感の強い人。

そして、娘にとって素晴らしい父親であることも誇りです。アヤのことが可愛くて仕方がなく、パパが帰ってくると、私はもう必要なくなり、気軽に外へ出かけられるようになるのです」

リオパラリンピックまで一ヵ月半。そろそろ、ボスニア代表の強化合宿が始まる。

サフェトはニヤリと不敵に笑う。

「今、オレを突き動かす最大のモチベーションは、リオで金メダルを取ってサラエボに持ち帰り、娘に捧げることさ」

## 五．リオ、そして東京へ

二〇一六年七月、リオパラリンピックまで一ヵ月半。ボスニア南部に位置するメジュゴリェで、ボスニア代表の強化合宿がスタートした。

ボスニアは小国でありながら、国内に三〇ものクラブチームがある。そのこと自体が驚きだが、各チームから代表メンバーとして選ばれた、若手からベテランまで総勢一四名が特訓を行うのだ。

「スピード」から地元・トゥズラのクラブに移籍したサフェトの親友エルミンは、国内戦ではサフェトの手強いライバルであり、代表チームでは共に戦う仲間であり、長年、この関係が続いている。

サフェットが車で現地に到着する。

「一緒に来るはずだった、『スピード』の同僚が選ばれなかった。だから道中、独りぼっちで少し疲れているよ。夜のトレーニングまでひと休みする時間はあるし、真剣にやるよ。ここに来ている理由ははっきりしているからね」

理由とは、もちろん悲願のパラリンピック連覇だ。

「もう、リオの本番に向けて、気持ちはできている。この合宿は連覇に向けた仕上げだ。オレ自身はかなり準備ができている」

サフェトはこの日までに体重を一四キロ絞り、コンディションを整えてきた。

七日間の合宿は三段階で構成される。第一次はフィジカルの準備に重点が置かれ、第二次は戦術・コンビネーションの確認、第三次でレギュラーメンバーを中心とした連携に力を注ぐ。

合宿前、監督のミルザは代表メンバー全員に減量を命じていた。プレーのスピードアップを図るためだ。

いかに素早く、コート内を移動するか。全員がコート中央に集まり手をつき、前の位置に戻る。エンドラインからセンターラインへの往復などさまざまなバリエーションのスピード練習が続く。

サフェトは若手をしのぐスピードで、コンディションの良さを監督にアピールする。監督の声が飛ぶ。

「まっすぐ動くんじゃない。もっと両腕を使え。まだまだ序の口だぞ」

ミルザははっきりと目標を見極めていた。

「合宿の目的ははっきりしている。ブロックの改善だ。ブロックは移動の難しさから、やや放置されてきた。しかし、改善に着手する。全力で取り組めば、連覇に必要なレベルに達するはずだ」

それは、シッティングバレーの大きな特徴から来ている。

「健常者のバレーの得点はアタックが八〇%、その残りがブロックだ。しかしシッティングバレーはブロックの比重が高く、ブロックの重要性はアタックと同じくらいに高い。ブロックの強化は一つの鍵となる。しかもコートが狭く、ボールが速い。選手たちの反応も速くなければいけない。さらに足も肩も頭も使えるので、それらすべてについて準備しないといけない。時には、曲芸のようなこともやる必要がある」

ボールの滞空時間が短く、数センチの攻防が勝負を決めるシッティングバレー。素早く反応して、自由自在に動けないと、生き物のようなボールのスピードに対応することは難しい。しかも双方、さまざまな手を繰り出すわけだから、その速さもさまざまに変化する。それはもはや、脳の反応と言っていい。

ミルザが、ボスニアバレーを解説する。

「われわれのスタイルは、アクロバティックな超人的コンビネーションではないし、そういうものを強制することもしない。他者から見れば、単純・単調という感想を持つだろう。いいレシーブをして、いいトスから、いいスパイクをするだけ。確かに、単純だ。しかし、その単純なプレーをするために、非常に複雑なことをする必要があるのだ。ボールがやってくるのは全方向からだ。それを脳が自動的に判断して処理をする。こうした自動化のための作業は、繰り返し行う。脳が自動的に判断して、身体が正しいやり方で動作するために」

このボスニアチームの頭脳が、キャプテンでありセッターのデラリッチだ。サフェトは彼に全幅の信頼を置く。

「チームのスピード化、連携がリオに向けての重要な柱だが、われわれには優秀なテクニシャンの存在がある。チームの頭脳とも言うべき存在だよ。誰に、どんなトスを上げるのかを決めるのは彼で、彼からのトスを受けて得点を決めるさまざまなタイプのアタッカーがいる。リベロやレシーバーなどの選手を含めて、一つのまとまった、いいチームになっていると思うよ」

## 特別な練習

スピード強化の次は、ボールを使った、試合形式の練習だ。

サフェトにトスが上がるも、アタックが決まらない。ブロックに阻まれるか、エンドラインを割ってしまう。いつもの正確無比かつ鋭角のアタックがどこにもない。

ミルザはそれを見逃さない。

「サフェトが体重を落としたことは喜んでいるよ。しかし、今の不調が続くんだったら、『家に帰れ』と言いたい。それほどヤツのプレーには不満がある。本当に『冗談なら、よしてくれよ』と言いたい。体重を落とした代わりに、肩の柔軟性を失っている。だからサフェトの特徴である、アタックの破壊力が失われているんだ」

チームメイトが声をかけるも、サフェトはあからさまに不機嫌な表情だ。ボールを床に叩きつけ、自分の肩を呪っている。

ミルザは臨時コーチを招いていた。それがバスケットボール・ボスニア代表でコーチを務める、オスマン・ハンジッチだ。

「さあ、始めるぞ。ゆっくりでいいから、ギリギリまで伸ばすんだ」

オスマンが指導しているのは、世界のトップアスリートが採用している「ダイナミック・ストレッチ」。勢いをつけながら筋肉を伸ばすことで、柔軟性を取り戻すのが狙いだ。

このストレッチで再び、サフェト本来の肩の状態に仕上げて行くのだ。

新しいストレッチはもちろん、サフェトにとって大歓迎だ。

「新しい種類のエクササイズ、新しいメソッドはすごく役立っているよ。それに、トレーニング中とその後にとるサプリメントの違いについても、彼は教えてくれた。特に新しいストレッチはリオまでの数週間、大いに役立つと思うよ」

招集された代表メンバーの中で、先発の六人に入ることは容易なことではない。サフェトはこう見ている。

「先発の六人に入るためには、かなりの実力と経験が求められる。ベンチ入り一二人のうち、一〇人は前回のロンドン経験者だろう。新しい若手二人が、先発に入れるかどうか。

それはこれからにかかっている」

練習中、ミルザの鋭い目が光る。

「練習中は十分なチャンスを与え、能力をアピールしてもらうとしても、試合が始まったら人道主義はない。自分のクオリティをどうやって、監督の私にわかるように示すのか。それ以外のことは重要ではない」

アシム・メディッチは四七歳という年齢だが、不動の先発メンバーだ。若手のベニス・カドリッチは身長二〇九センチという有利な要素を持っていながら、代表入りして五年経つのに未だにレギュラーにはなれていない。

「ロンドンでは何人かが自分のクオリティを証明した。アリバシッチ、ユスフォビッチ、ドゥランだ。年長のメディッチ、デラリッチ、マンコらは二度も三度も、自分のクオリティを証明している」

ついに宿敵イランを念頭に置いた、特別な練習が始まった。ネットの前に台を置き、そこに分厚いゴムのマットを重ねて行く。ミルザが声をかける。

「どんな感じかやってみよう。もう二枚、持ってこい。あのイラン選手の真似をするんだから。そこに乗って、手を上げてみろ。本物のイラン選手みたいに」

そのイラン選手とは、二〇一六年三月にイラン代表に加わったメヘルザードのことだ。身長が二メートル四六センチ、まさに巨大な壁と言っていい。

この圧倒的高さに慣れるための、特別メニューなのだ。シッティングバレーは臀部を浮かしてはならないため、身長は決定的な要素となる。いくら手を伸ばしてブロックしても、その上から軽々とアタックが打ち込まれるのだ。ブロックの上に顔があるという如何《いかん》ともしがたい高さに、一体どうやって対抗するのか。

実際、ゴムのマットに乗った選手のアタックに、あれほど強化したというブロックが通用しない。

しかし、大丈夫だとサフェトは見ている。

「メヘルザードは、ブロックは高いが、アタックはそれほど強くないようだ。逆に彼にボールが回った時が反撃のチャンスだ。スピーディーに攻めて、こちらは機動力で対抗するよ」

ミルザもまた、無用なプレッシャーは不要だと考えている。重要なのはコンディションや連携などきちんと準備を整えて、リオに向かうことなのだ。

そしてもうひとつ、ボスニアには秘密兵器があるとサフェトは言う。

「リオの秘密兵器、それはチームの団結力だよ。集団性と不屈性。これをこの合宿でもう一度確認して、リオに持って行く」

代表チームは一つの家族のようなものだと、ミルザは言う。お互いが家族であるという絆の強さも、ボスニアバレーの大きな特徴だ。それは皮肉にも、ボスニアならではの理由があってのことなのだ。

「人間は感情の生き物だ。何か心配事を抱えていたら、集中力を左右する。ボスニアは隣のクロアチアと比較しても生活水準、給料などかなり劣っている。他のパラリンピック出場国とくらべても話にならない。家庭や職場の問題はプレーに影響するわけだから、できるだけ早く、その問題を取り除き、どの選手も平穏な環境の中で、トレーニングに集中できるようにしていくんだよ」

誰かが問題を抱えていれば、すぐにわかる。自分たちがひとつの家族であるという立場で、お互いに解決のために力を尽くす。「いささか、マンガみたいだが……」と、ミルザが一つの例えを話す。

「もし、今、誰かの車が故障していたら、すぐにみんなで修理をするだろう。そういうことなんだ。仕事がない選手には仕事を探し、選手がプレッシャーを受けていないかどうかを観察し、配慮をするわけだ。黙っていても、みんなが気づく。そして話を聞いてやる。だから、生活の問題全部を解決しながら、われわれはトレーニングをしているわけだ」

サフェトが胸を張る。

「リオでは、われわれがどんな準備と努力をしてきたのかを、世界の前で見せるだけさ。これまでも大国を倒し、このスポーツのチャンピオンはボスニアだとアピールしてきた。リオでもオレたちが、ナンバー1であることを証明するよ」

## 大家族や義兄弟のようなチーム

二〇一六年九月六日、リオパラリンピックの幕が開けた。

シッティングバレーは九日から予選リーグがスタート、ついに悲願の連覇へ、戦いの火蓋が切られた。

ボスニアは強化したスピードとブロックを武器に、順調に予選を突破した。強敵エジプトを破り、決勝へコマを進める。

そして一八日、決戦の朝。相手は、因縁のライバル・イラン。ここまで一セットも落とさず、無敗で決勝に勝ち上がった。一二日、予選リーグでイランと対戦したボスニアはストレートで負けを喫している。

WOWOWの取材クルーを見つけたサフェトは、「よくもまあ、ここまで来たよな」とまんざらでもない、いや、むしろうれしそうな表情をカメラに向ける。

「プレッシャーは感じている。決勝の前だからな。勝つ準備はしてきた。結果がどうなるか、楽しみだ」

客観的には圧倒的に不利な状況だが、悲愴さはない。ただ、我が道を行くのみという、淡々とした気迫があった。

この間、サフェトに密着してきたディレクター、大久保瑞穂はサフェトという人間にどんどん惹かれていることを感じていた。

最初は警戒心むき出しで、取りつく島もなかったというのに……。愛想はなく、無骨な男。無口で、頑固。それが娘の前では人目もはばからず、相好《そうごう》を崩す。

「一見、無愛想でとっつきにくいけれど、懐深くてあたたかい男なんだって思いますよ。決して、大言壮語はしない。あくまで、プレーで見せる。たとえはおかしいかもしれませんがサムライ、武士のよう。刀を磨くように、いかに切れ味鋭いアタックを打ちこむか、ストイックに極めていく」

撮影を重ねるごとに、チームの選手たちとも打ち解けて行った大久保は、ボスニアチームをこう見ている。

「大家族や義兄弟のようなチームなんですよ。監督を男にしたいという、義理堅い人たち。人情味がある、あたたかい人たちだって思いますね」

会場に、ボスニア国歌が流れる。サフェトは右手を胸に、左手を親友・エルミンの肩に回す。

ミルザがリオのキーパーソンだと、取材クルーに話した四人全員がスターティングメンバーに入っている。

サフェト・アリバシッチ、ミルゼット・ドゥラン、エルミン・ユスフォビッチ、アドナン・マンコ。そしてキャプテンでセッターのサバフディン・デラリッチとアドナン・ケスメル。この六人が、それぞれのポジションにつく。一六歳と一七歳で出会って以来、友情を深めてきたサフェトとエルミンは今回もまた、同じコートで戦うのだ。

これで五大会連続となった、イランとのパラリンピック頂上対決。ボスニア悲願の連覇に立ちはだかるのは、二メートル四六センチのイランの秘密兵器・メヘルザード。

ロンドンと違い、サフェトは後衛からのスタートだ。出足でミスが続き、いきなり六点を連続で奪われる。前衛に回ったサフェトはブロックアウトを狙ったアタックに続き、相手コートをよく見たフェイントやコートを突き刺す力強いアタックを決めて行く。二点目、三点目、四点目、五点目はすべてサフェトが叩き出した。エルミンの速攻も決まる。

しかし、メヘルザードの猛攻にボスニアはなす術がない。ブロックのはるか上を行くアタックは切れ味鋭く、力もスピードも兼ね備えていた。

予想を上回る、メヘルザードの高さとパワーの前に、第一セットは二一対二五で先取される。

不屈のボスニアバレー、このままでは終われない。

二セット目も、サフェトは後衛からのスタート。後衛ではレシーブやトスでチームに貢献する。長いラリーをモノにした三点目以降、選手間の連携を武器に、ボスニアはイランにリードを許さない。

合宿で強化したブロックが威力を発揮、サフェトは的確なフェイントや、ブロックを破壊する力強いアタックで確実に点を重ねていく。二一点目となった、十分な高さのあるトスを受けたアタックは、ブロックを力でねじ伏せる強烈な破壊力をこれでもかと会場に見せつけた。そして二五対二一でボスニア。これでタイだ。

しかし……。

サフェトの読みと違って、高さだけでなく、スピードとパワーを兼ね備えた巨壁・メヘルザードが繰り出す攻撃に、ボスニアは翻弄される。流れを取り戻せないまま、第三セットを一八対二五、第四セットを一五対二五で失い、イランの勝利。コートで繰り広げられた光景は、ロンドンと真逆のものとなった。

歓喜に打ち震えるイラン、そしてじっと唇を噛むボスニア。サフェトは、そっとコートを去った。

## 寡黙で無骨なサムライ

サフェト・アリバシッチ。世界の頂上決戦を戦う今でも、地雷を踏んでよかったとは決して言わない。ただ、そこから障がい者としての人生が始まり、うつ状態となりひきこもってしまった自分を、ノーマルな世界との接触を可能にしてくれたのがシッティングバレーだった。

だからこそ、障がいのある子どもたちには特別な思いがある。サフェトは、子どもたちにメッセージを送る。

「決して、諦めないでほしい。しっかりとした強い気持ちを持って、シッティングバレーでなくてもいいから、何か、スポーツを始めたらどうだろう。繰り返すが、シッティングバレーである必要はないんだよ。どんなスポーツでもいいから、一歩、前に踏み出してほしいんだ。オレはこのスポーツを通して、ノーマルに生きることができるようになったんだから」

表彰式を終えたサフェトは、マイクを向ける取材クルーに気づき、ちょっと照れた、バツの悪そうな笑みを浮かべ歩み寄ってくる。胸に下げた銀メダルに時折、目を落としながら淡々と語る。

「残念ながら負けてしまった。あの高さからの強いアタックは止めることができない。彼を止めるため、合宿でも重点的に練習してきたが、ブロックで腰が浮いてしまい、何度も反則を取られてしまった。結果は、実力通りだったと思う」

その潔さ、清々しさはどこから来るのだろう。寡黙で無骨なサムライはただ真っ直ぐに、バレーに向き合っていた。一瞬、銀メダルに目を落とし、再び顔をあげたサフェトの瞳には強い力が漲《みなぎ》っていた。

「これからもっと練習して、次はリベンジしてやる。今回、娘には銀メダルで我慢しても

らうよ。もっと努力して、次は金メダルを娘に捧げる。東京では、金メダルを奪い返す」

きっぱりと言い切り、踵《きびす》を返す。「じゃあ」と振り向きざまに笑顔で手を振り、サフェトは去って行く。大久保たちの目には見慣れた、ちょっと独特な歩き方で。

ボスニア・ヘルツェゴビナ代表。戦火の中でクラブチームを発足させ、戦争を通じて鍛え上げ、世界の頂点に何度も立ち続けてきた彼らだ。これまでどんな逆境にも屈せず、何度でも立ち上がってきた。

その不屈の魂は脈々と、決して涸れることはない。

サフェト・アリバシッチ、彼はすでに虎視眈々と東京を見据えていた。

サフェト・アリバシッチ

旧ユーゴスラビアに生まれ、ボスニア紛争中に地雷を踏み12歳で左足かかとを失う。治療後、シッティングバレーと出会い、20歳でボスニア・ヘルツェゴビナ代表入り。２０１２年ロンドン大会では、チームのエースとして激動の祖国に唯一の金メダルをささげた。

# 第三章

【ザーラ・ネマティ】

## 「私はあの事故を“チャンス”と名づけました」

――イラン人女性初の金メダリストがアーチェリーで実現したこと

文　大泉実成

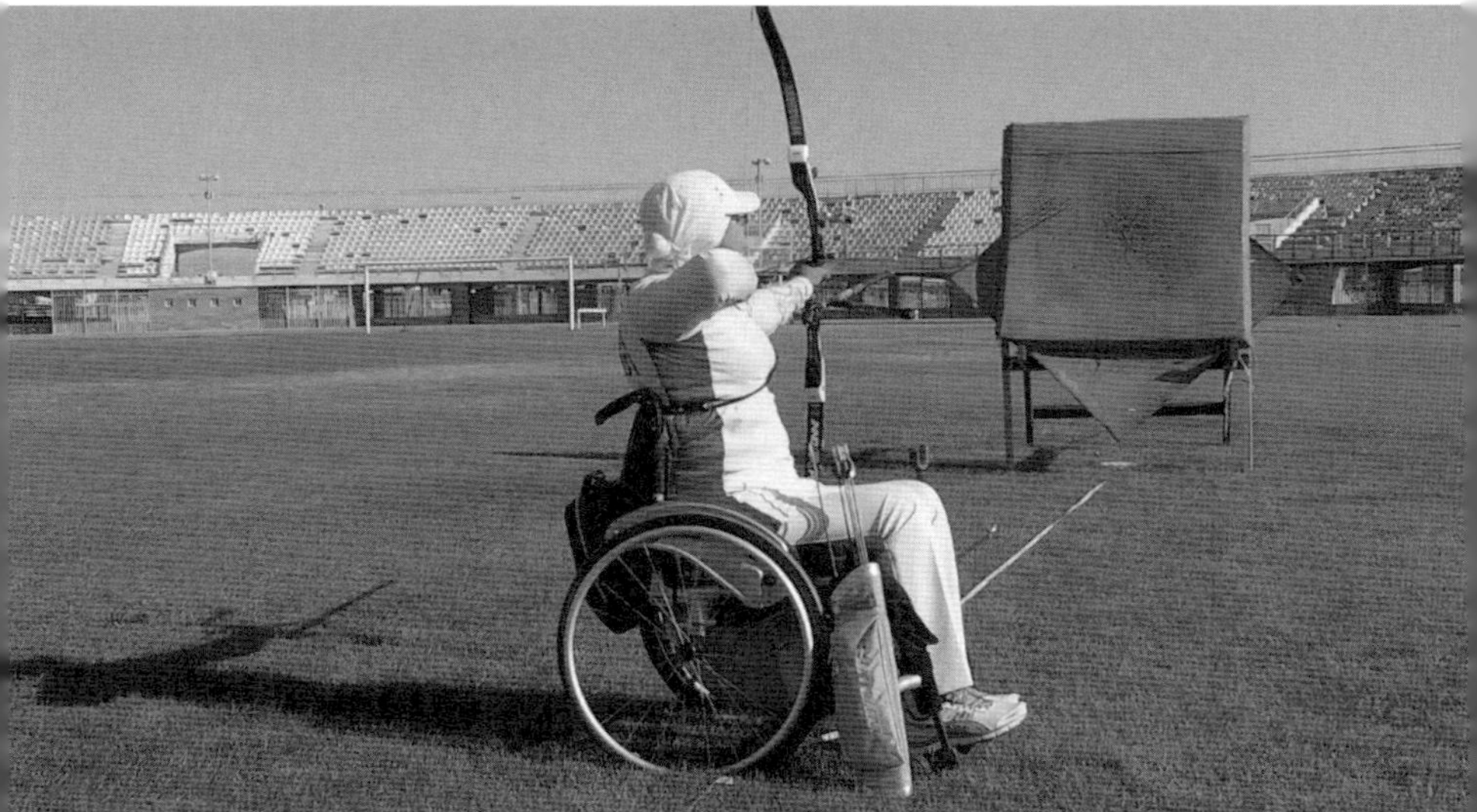

「もし神が望まれるなら、心の壁を打ち壊します」

あるとき、僕と同学年（大学）のキムラという男から電話があった。キムラは同業者であるがなかなかな有名人であり、信用できる人間である。何かうまい話があるらしく一緒にやらねえかといったおさそいである。何でも、現場に行くとパラリンピックのテレビで出すことができなかった素材が山ほどあるというのである。僕は狂喜し、それを使わない手はない、と思った。

打ち合わせの場所に行くとキムラがもってきたのであろうＤＶＤがざらざらとテーブルの上に載っていた。このままじゃやばい、と僕の本能が告げていた。キムラの家には大量のＤＶＤがあり、その渦に巻き込まれたら回収不能であることは火を見るよりもあきらかだからだ。そこで目の前のチラシとＤＶＤとを一つずつ、とりあえず確保することにした。それがこのネマティだった、という偶然なのか。それとも、一見偶然とみせかけられた必然か。いずれにせよ僕に課されたことは一つだけだった。

ザーラ・ネマティについて描くことだ。


イラン？　イラン？　イランかあ？　彼女はイランに住んでいる、イラン人である。

僕がイランについて知っていることは、一時イラン人が山のように日本に来ていたこと。サッカーが結構うまいこと。イスラム教徒であることぐらいだな。あと個人的にアーリア人について調べていた時、イラン人がアーリア人であることを知ったくらい。そういえば第四次中東戦争のとき、石油価格が高騰したというんで、スーパーでトイレットペーパーを買いにおばさんたちが殺到してたけど、あれなんで？　風が吹けば桶屋が儲かるみたいな噺だったかなあ。

## 厳しい戒律の国で

そこで本編を見たのであるが、山岳地から砂漠まで国土はとても変化に富んでいる。一九七九年のホメイニ師のイラン革命によって、宗教上の最高指導者が国の最高権力を持つというイスラム共和制を樹立している。シーア派イスラームが国教で、この体制は若干の変化をしながらもいまも続いており、一種の独裁政権を布《し》いているといってもいいだろう。したがって女性は全身を隠す衣装「チャドル」を着用することになっているが、これはいわば公式の服。年頃の女性たちにかかれば、きびしい戒律も、スカーフの巻き方一つでファッションになってしまう。胸元を出さない、ヒップラインを見せない、というのが不文律で、後はわりと自由なようだ。もっとも風紀警察につかまってしまうギャルもいるようだが。

そんなわけで、女性がスポーツをすることは、いまだにハードルが高いようだ。しかし、このように性差別が色濃い社会で、アーチェリーでオリンピック・パラリンピックを通じて女性で初めて金メダルをイランに持ち帰った選手がいる。それがザーラ・ネマティなのである。

アーチェリーは心の格闘技といわれている。イランにおけるアーチェリーは、伝統競技の一つである。国内には専用スタジアムがいくつもあり、古くから伝わる神話には、アーラシュという伝説の射手が、神々の命令で国境を決めるように求められ、弓ははるかかなたまで飛んでいき、そこで定められた土地がイランの国境になったといわれている。

「私はザーラ・ネマティです。リオオリンピックとパラリンピックのイラン代表です。皆

さんはイランをご存じですか。とても美しい国です。明るく誇り高い人たちがいます。私は一八歳の時、すべてを失ったと考えていました。しかしそれは、人生における大きな転機となりました。アーチェリーと出会ったからです。

私はロンドンパラリンピックでイラン女性初の金メダルを獲得しました。私は全身全霊で目標に挑んだのです。なぜならそれまで誰一人としてパラリンピックで金メダルを獲ったイラン人女性はいなかったのだから。

もしも何かを欲しいなら、心の底から求めれば、宇宙に存在する全ての物が手と手をとって、これは私がやるべきことだと認めてくれるはずです。もうこの道しかない、私自身が求めているのだから獲らなければならないのだと。

でも、真の戦いは始まったばかり。以前は勝つことばかり考えていました。しかし、今は違うのです。

私の目標はもっと大きなものです」

## 背中合わせの強さと弱さ

車いす姿のネマティが練習場に姿を現した。

「サラーム！　おはよう。私は挨拶したわよ」

ネマティがチームメイトに言う。

「おはよう。元気？　手伝って！　降りるから」

「何？」

「手伝って！　降りるから。降りるから手伝ってちょうだい」

するとその人は車いすのネマティをグラウンドに降ろす手伝いをした。彼女は助けがなければ練習グラウンドにも降りられないようだった。

ネマティは車いすの選手ながら、健常者のナショナルチームの一員でもある。イランでは、健常者、障がい者の区別なく、代表選手には国から給料が支払われる。

「昨日は記録よかった？」

ネマティがチームメイトに問う。

「ええ、悪くはなかったわ、一回目はよくなかったけど、二回目はまあまあよ。でも、全部が左上に流れてしまうの」

「規則正しく射って修正しないとね」

ネマティが言う。

彼女には「ハーテレ」というニックネームがついている。「ハーテレちゃんは本当に泣き虫なのよ」と仲間からよくからかわれる。

アーチェリーでは健常者も障がい者も基本的な道具は同じだ。彼女はゆっくりとチェストガードやアームガードを着けていく。ルールはいたってシンプル。七〇メートル先の的に向かい、点数を競い合うだけだ。

中心にある一〇点の部分はＤＶＤ一枚ほどの大きさしかない。七〇メートル先のＤＶＤ一枚。これは軽く言うが僕にとっては気が遠くなる距離だ。まるで家の中から北極星を見ているような感じがする。しかし、ネマティは慎重に的を狙い、矢を放つ。矢は当然のこのように一〇点に突き刺さる。

「矢が的の中心に刺さる瞬間が一番好きです」

アーチェリーの難しさとは？

「アーチェリーは冷静でなければなりません。高い身体能力だけでなく思考力や集中力、精神的な安定が必要です。強い腕の力と、それ以外にも安定した精神と高い集中力ですね。二つが揃えば選手は成功します。

自分の精神力を高めるためのテクニックがあります。例えば楽しいことを考えたりします。

自分の長所は手の力が強いことですね。標的の点に向けて射つことも得意だと思います。そして最も魅力を感じるのは健常者と一緒に競技できることです」

強い肉体を作るためにはどんなことをしていますか？

「それは、常に鍛えることですね。コーチがついています。コーチの指導で体力を常に向上させる運動をしています。それ以外にもフィットネスコーチもついています。重りで鍛えるとか。すべては、体力向上のためですね。引っ張る力をつけています。例えば、矢を引っ張ってずっと同じ状況で止めたりします」

チームを指導するのは、多くの国で代表選手を育ててきた、パク・ミョンクァンコーチ。弓は、選手の体格や筋力によってカスタマイズされている。引くときに強い力が必要になる弓ほど、矢のスピードが速くなり、風の影響を受けにくくなる。

弓を引くときの力は、女子トップ選手で平均が一五キロほど、しかしネマティは二〇キロある。これは男子選手並みの数値である。しかも試合では一日に七〇本以上射つことがあるため、最後まで射ち続ける筋力も必要となる。

パクコーチは言う。

「しっかりとした筋肉がなければ、正確に射つことはできません。彼女はアーチェリー選手として、理想的な体に鍛え上げてきました。障がいはありますが、他の選手より一生懸命に練習しているし、意識も高いです」

また、チームメイトは次のように言う。

「ネマティを見ていると、自分を恥ずかしく思うことがあります。僕たち健常者が辛い時でも、彼女は弱音を吐きません。彼女の強さにいつもはげまされます」

毎日の練習は、一日七時間半、三〇〇本を射つ。

彼女は世界でただ一人、リオオリンピックとパラリンピック、両方の出場権を手にしたアーチェリー選手なのである。

夫も同じアーチェリー選手。ロンドンパラリンピックでは、八位入賞を果たしている。

「日本には確か『弓道』という競技がありますね。アーチェリーも弓道と同じように精神面が非常に大切です。高い集中力を保てる人だけが、よい成績を残せるのです」

ある日バーベキュー大会が開かれた。女子選手たちに尋ねてみた。いわゆる、ガールズトーク。

ネマティはどんな人？

「I love you　ザーラ！　あはは～」

「わたしも～　みんなもだよね～」

「優しい」

「おバカよね」

「ハーテレはハーテレだわ」

「ザーラは優しくて人気者で、頑張り屋さん」

「大きな世界、大きな目標のある人」

「弱虫だわ、泣き虫だわ」

ネマティが答える。

「そうよね、私は問題だらけだからね〜」

「ほーらね、弱虫でしょ」

ネマティがすねながら言う。

「いいところが少ないから、悪いほうは数いっぱいあるからすぐ答えられるでしょ」

「そんなことない、違うわよ」

「悪いところがあるなんて言えないけど」

「悪いところなんてないわ、ナッシング！」

ちなみにハーテレは〝絆〟という意味だそうだ。

ネマティは夫と二人で練習場のそばに部屋を借りている。その日は、ネマティの大好きな人が帰りを待っていた。母・ファーテメ。娘に手料理を食べさせようと、一〇〇〇キロ離れた実家からやってきた。

「おー、メロンジュース」

ネマティがうきうきした声で言う。

「大好物でしょ」

子どものころから、おねだりするたびに、母はメロンをすりつぶし、作ってくれたという。メロンと、彼女のふるさとに咲くバラのエッセンスのようなもの、それに砂糖と水を加えたもので、取材スタッフの分まで作ってくれた。もちろん映像にはスタッフは映らないので、ネマティは「テレビを見た人はこれを私が全部飲むと思っちゃうわね」とジョークをとばす。

「これが一番好きなの。サプライズだわ」

次に彼女がキッチンで鍋のふたをそっと開けると、やはり大好きなドルメが入っていた。

「これはスーパーサプライズ」

彼女は喜びを隠さない。ドルメはぶどうの葉で米や肉を包み、五時間も煮込んだもの。母は娘のためならどんな手間も惜しまない。

「本当においしいわ」

「おそまつさま」

母はネマティが食べるのをうれしそうに見つめている。

「どんなに大きくなっても親の前では子どものままなのよ……」

## 二度と歩くことはできない

ネマティは一九八五年に、イラン南東部のケルマーン州で生まれた。おてんばな子どもで、母・ファーテメはそのエネルギーを発散させるため、ネマティにテコンドーを学ばせた。彼女にテコンドーを指導したアフサネ・アレフィは次のように述懐する。

「とてもやる気がある子でした。休憩時間になっても、ネマティはずっと練習していました。脚力がすごかったです。私自身彼女のキック力に対して、耐えられない時もありましたよ。私でさえも、彼女の力をコントロールできなかったです。

いつも時間を最大限に利用して、すごく努力していました。

それに、もし休憩時間ができれば、後輩の指導もしてくれたりもしました。時間があれば私の手助けになってくれたりして、後輩に指示していました。彼らの間違いを指摘してあげたりしてね。

彼女にとって、時間はお金のようでした。時間をとても大切にしていました。

練習する、沢山学ぶ、そして習得したことを後輩にも教える。そんな感じでしたね。

身長も高かったし、足が強かった。ひとつの動きで相手を上に突き飛ばしていましたよ。

対戦相手の選手は、彼女の前に立てないくらいでした。本当に彼女のプレーは、素晴らしかったです。

間違いなく、もし交通事故に遭っていなかったら、今アーチェリーで世界チャンピオンになったように、テコンドーで世界チャンピオンになっていたかと思います」

ネマティは言う。

「テコンドーが大好きでした。でも一八歳の時、交通事故に遭い、やめざるを得ませんでした。事故が起こったのは通っていた大学から実家に帰省する途中でした。私はタクシーの後部座席に座っていました。相手の車が交通ルールを無視してUターンしたのが原因でした。事故の衝撃で、私の背骨がズレたのです。さらに運が悪かったのは、救助の際に激しく引っ張り出されたことでした。脚を動かす神経が、切れてしまったのです。それから、大手術を受けました。後にこの手術で命を失う可能性があったことを知りました。医師は、生きていること自体が奇跡に近いと言いました。事故後一番大きな問題は、両足で歩けないことでした。

ショックでした。

理由は脊髄《せきずい》がダメージを受けていたからです。九番と一〇番の脊椎《せきつい》が折れました。

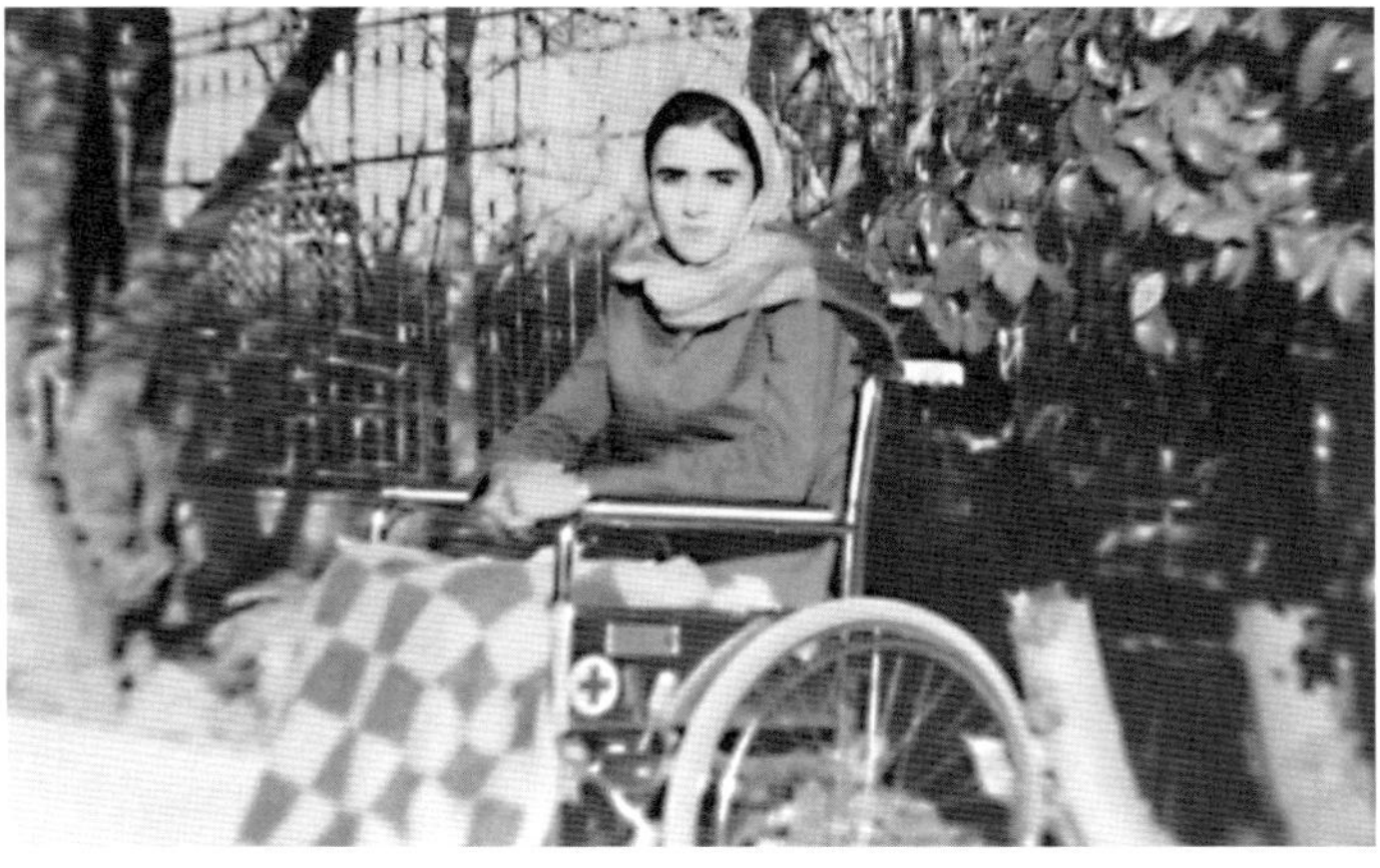

その骨が折れたことで、私の脊髄がダメージを受けたのです。事故後一ヵ月間ほどは、私の脊椎の痛みは激しかったですね。座ることすらできませんでした。

足は一切動かせませんでしたし、お腹から下は何も感じませんでした。

いくつかの手術、そして事故は完全に私の体力を減少させました。手を動かすのも辛い時期がありましたね。

それから、家族のサポートのもとリハビリ施設に通い続けたことで、徐々に体力を取り戻しました。家族の精神的な支えも大きかったですね。

これらがあって、やっと座れるようになりました」

ネマティの母も次のように述懐する。

「医師に『治療法は全くない。二度と歩くことはできない』と言われました」

彼女はあきらめていなかった。歩けると信じ、リハビリに取り組んだ。

母は、評判のよいリハビリ師がいると聞けば、娘を連れ、訪ね歩いた。母は言う。

「娘は痛みがあって辛くても、決して口にしませんでした。どんなに悲しくても笑おうとしていたの。娘は絶対に泣かなかったのよ。信じられますか」

ネマティは言う。

「母はきっと涙していたんでしょう。でも、私の前では一度も涙を見せませんでした。私も母の前では泣かなかった。母の悲しむ姿を見たくなかったから」

父・アタオッラーは言う。

「でも私たちは知っていました。脊髄が損傷していてもう立てないということを。しかし休日にはシーラーズ、テヘラン……イラン各地の病院に行きましたが、上手くいきませんでした。私たちは店を休業して、最後には店をたたんで、一年間彼女のために動きました。何かを彼女がしたい時に、彼女のそばにいました。外出する時は一緒に連れて行きました。旅行に行きたいなら旅行に。少しずつそうして、彼女の心は明るくなっていったんです。彼女のことが心配だからそうしたんです」

リハビリは二年に及んだが、ネマティが自分で立てる日は来なかった。

## この道を、最後まで

「テコンドーの選手だった私にとって、両足の自由を失うことは、ピアニストが両手を失うのと同じでした」

この頃のネマティの写真が一枚ある。恐ろしく透明な面差しで、深い絶望感を感じさせる写真だ。

しかしその目は死んでいなかった。

「何かスポーツがしたかったのです。最初に思いついたのが、車いすのバスケでした。でも私たちの町でバスケをすることは、不可能でした。女性障がい者のためのスポーツは何もありませんでしたし、私の状況でスポーツができる環境は何もなかったのです」

それは偶然のことだった。

通っていたリハビリ施設で、車いすの患者のためのアーチェリー教室が開かれたのだ。ネマティは、夢中になった。

「当時は弓を引く力がありませんでした。『君にアーチェリーは無理』と言われたこともあります。でも逆にそれが〝負けない〟という思いや、パワーに変わったのかもしれませんね」

アーチェリー教室の先生だったモハンマド・バシリアンは次のように証言する。

「あの頃、ネマティは私の指導をとても熱心に聞いていました。例えば、一度手の角度を教えると、ズレることはありませんでした。すぐに理解し実践できたのです。ご存じですよね、彼女は以前テコンドー女性ナショナルチームのメンバーでしたので、アーチェリーに興味を持つようになって、続けて参加していました。彼女は私に言いました。『私はこの道を最後まで行きます』。そして本当に成功したのです」

ネマティは言う。

「いまの私がいるのは、あの事故のおかげです。私はあの事故を〝チャンス〟と名づけました。あの時、私は死んでもおかしくなかった。私はこのチャンスを最大限生かそうと決心したのです」

進むべき道を見つけたネマティは、一気に頭角を現す。アーチェリーを覚えてわずか半年でイラン代表選手に選ばれ、二〇一〇年アジア大会では銅を、二〇一一年トリノ世界選手権では銀を、と、次々にメダルを獲得していった。そしてロンドンパラリンピック大会で、歴史にその名を刻むことになる。

決勝トーナメントのルールは、一セット当たり三本を交互に射ち合い、三〇点満点中、合計得点の高い方が二ポイントを獲得する。同点の場合は両者に一ポイントずつ与えられ、六ポイントを先取したものが勝者となる。

決勝の相手は、ネマティよりキャリアの長いミーノ（イタリア）。

ネマティは言う。

「メダルを獲得すると誓い、全身全霊で挑みました。これは自分の使命だと思いました」

ここまでネマティは、一度もセットを失うことなく勝ち上がってきた。しかし、決勝の第四セット、二八対二九と、この大会で初めてセットを奪われる。これでセットポイントは五対三。

しかしネマティは冷静だった。相手のミスショットを見逃すことなく、二八対二四で第五セットを奪う。結果は七ポイント対三ポイント。イラン人女性初めての金メダル獲得の瞬間だった。

彼女は涙を流しながらイランの国旗を掲げ、そして国旗をかぶって泣いた。

「本当に嬉しかったです。自分が変われたことが何より嬉しかったのです」

ネマティは言う。

「人生に目標を見出さなくてはいけないのです。アーチェリーが私を強くしてくれました。強さの意味を教えてくれたのです」

ネマティはロンドンで取ったメダルを母にプレゼントした。母は、

「金メダル獲得の瞬間は過去の辛さが一気に吹き飛ぶようでした」

と述懐する。

## 焦り

リオデジャネイロ入りまであと四ヵ月。パラリンピック連覇に向けて、一気に加速した

いネマティ。しかし、それを許さない事態が起きていた。

やって来たのは、超音波検査などを専門とする、医療施設だった。

「こちらの服に着替えてください、ズボンははいたままでいいですよ」

「一つだけ教えてください」

「ええ」

「（その注射は）痛い？」

「ええ」

「じゃあやめて、やらないで」

「歯医者にいったら、麻酔注射するでしょ」

「あれは痛くないじゃない」

「たいしたことないから……」

「でも痛いのはイヤなの」

「（みなさん）聞きましたか？　彼女は痛みが怖いそうです。信じられます？」

「注射が怖いの」

「あなた、何の選手ですか」

周囲に笑いが漏れる。

「アーチェリーです」

「アーチェリーといったらイランの伝統競技の一つでしょ。シンボルでしょ。もうちょっと強くならないと。毎日的に穴をあけているのに、なんで注射一本が怖いの？」

「午後に練習あるし」

「練習なんかとんでもない。心配しないで。小さな注射だから」


実は、ネマティは二年前から右肩に痛みをかかえていた。彼女は「たいしたことはない」と言い続けてきた。しかしこの日は、チームからの指示で、精密検査を受けることになった。関節、骨、筋肉の状態を調べるためだった。そのために、肩に注射を打つ。

「痛いっ」

一方で、画面には彼女の肩の内部が映っている。

「この黒い部分が腱です。断裂はしていませんが、腫れていますす。弓を引くときにかなり負荷がかかっていますね」

男子選手並みの弓と、練習を休まない生真面目な性格が、肩への負担を蓄積させていたのだ。

検査の翌日、パクコーチがネマティに言い聞かせる。

「今日は射たなくていいから。大事なのはストレッチだ」

「はい」

「今は肩の状態が一番大切だよ。わかった？」

「はい」

「ＯＫ」

彼女はストレッチをしていたが、ほんのわずかな時間だった。数分後、弓を射ちはじめてしまった。それを見てパクコーチがやってくる。

「射ってるのか」

「はい」

「何本？」

「六本です」

「六本だけ？」

「はい」

「急がないで。今日大事なのはストレッチだよ」

「射った方が痛みがよくなります」

「射ったほうがいいの？」

「いえ……、今日はもっと射てるってことです。痛みは大丈夫です。良くなってます」

「コントロールすることが大事だよ。わかってる？　君の体だから君のほうがわかると思うけど……」

「はい、心配しないで大丈夫」

ネマティはあせっていた。パラリンピック連覇、オリンピック出場。さらにもう一つ、背負うものがあったから。

「ある時期まで私の目標はチャンピオンになることでした。でも今は『自分にはできない』と思っている人たちを勇気づけたいのです。私を見て『自分にもできる』と思ってほしいのです」

ネマティは障がい者やがん患者などを支える活動を続けている。この日は、ネマティにかわって両親が、オリンピック出場を決めたときの弓を、チャリティーオークションに寄付した。母・ファーテメは言う。

「娘も事故で大変な思いをたくさんしてきたので、不自由を抱える人々を助け、彼らの治療のために小さな一歩を作りたかったのです」

ネマティ自身も一〇年前から仲間とともにボランティア団体を運営している。ネマティが立ち上げたのは、車いすを必要とする人に向けた、無料のリハビリ施設。ネマティの目的は、体のリハビリだけではなかった。共同設立者のマンダナ・モスタファヴィは次のように言う。

「当時、脊髄損傷者の多くは、精神的な問題を抱えていました。家に引きこもっている彼らを、外に連れ出すことが目的でした。ここに集まることで、お互いの問題を分かち合うことができたのです。コミュニティの設立者は、私、ネマティさん、残念ながらもう亡くなってしまいましたがソージャイさんでした。あとは、ドクター・アサディでした。彼は、福祉センターの医師です。彼のアドバイスがとても役に立ちましたよ。彼は私たちにコミュニティを成立させることで、独立するよう勧めてくれました。協会を通して自分たちの目標に向かっていくように、指示してくれました。

私自身、交通事故に遭ってからとても精神的にうつになっていました。ほかの人とコミュニケーションをとるのも嫌で、理学療法を始めて、ほかの障がい者と知り合うようになってから、自分が一人じゃないのだと気づくようになったのです。

自分の交通事故の六ヵ月後にネマティさんと知り合いました。

彼女も同じだったんです、彼女も精神的にひどかったですよ。理学療法を始めたときは、彼女もうつで、ずっと泣いていましたよ。自分の状況を受け入れられないとね」

また、施設のマネージャーのモハンマドホセイン・モーラは、

「私がこの仕事に関わるようになった時は、市役所関係者の知り合いがいたので大型バスを借りることができたからです。そして、車いすで車内に乗れるよう改善しました。彼らを家から出す第一歩がこのバスでした。

バスでお迎えができたので、彼らに無駄な交通費の負担をさせずにすんだのです。彼らは体育館（ホール）に通うようになって、アーチェリーに興味を示すようになったのです。

アーチェリーは彼らの考えをも変えました。

ターゲットに射つために、集中力や能力を高めることが、彼らを救ってくれたみたいです。彼らを病状から救い出してくれたのです。彼らを満足させ、元気にさせたのです。

こんなこと（満足感や元気をもらえたこと）もあって、彼らは毎日来るのを楽しみにしていました。

モスタファヴィさん、ザンギヤブディさん、カジザーゼさん、ネマティさん、アバスプァさんは一年もしないで、市内、県内大会に出場できるようになり、メダルも獲得したんですよ。ネマティさんも、ここでの活動がきっかけで寂しさや悲しみから解放されたのです」

と証言する。

## 風が左右する競技

リオデジャネイロ入りまで、あと一ヵ月。ネマティは直前の合宿地として、ふるさとのケルマーンを選んだ。ふるさとにはお気に入りの果樹園がある。

「とてもいい気分です。街から離れていて、空気が良くて、木々の間を抜ける風の音も素敵です」

果樹園で取れたぶどうを頬張る。とてもおいしそうだ。

パクコーチに「果樹園はどうでした？」とたずねると、コーチは「素敵だと思うよ」と答える。

「明日はここで練習する？」

「いや、いや、いや、競技場でやるよ」

周囲に笑いがふきこぼれる。ふるさとで英気を養い、やがてリオデジャネイロへ移動することになる。

「すごいプレッシャーですが、私は大丈夫です。私はいつも物事をプラスに考えるようにしているのです。

イランのことわざで『コップに少しだけの水』といいます。『水が少ししかない』と思うのでなく『コップに水が入っている！』と考えるのです」

スタジアムを借り切って、強化練習が始まった。この時ネマティは、右肩に痛みを抱えたままだった。検査の結果は腱鞘炎。医師からは、練習を控えるようにと言われていた。

肩以外にも、もう一つ問題があった。リオの試合会場は海に近く、風が強いため、その対策が勝負の分かれ目となる。しかしネマティは、風が吹くと、射つのを躊躇してしまうという課題を抱えていた。

「風で矢が流されるの」

パクコーチが言う。

「狙い目を決めるんだ。中心なのか、七点、八点、どれがいいか」

「わかりました」

アーチェリーは風で矢が流されることを計算して、狙う技術が不可欠だ。

例えば、的に向かって右下の方角から風が吹いているのであれば、中心ではなくあえて時計五時方向の七点を狙う。スタジアムには強い風が吹いていた。

パクコーチが言う。

「狙いは?」

「一一時の七点」

「いいぞ」

しかし、矢は思った方向には飛んでくれない。がっかりしているネマティにパクコーチが声を

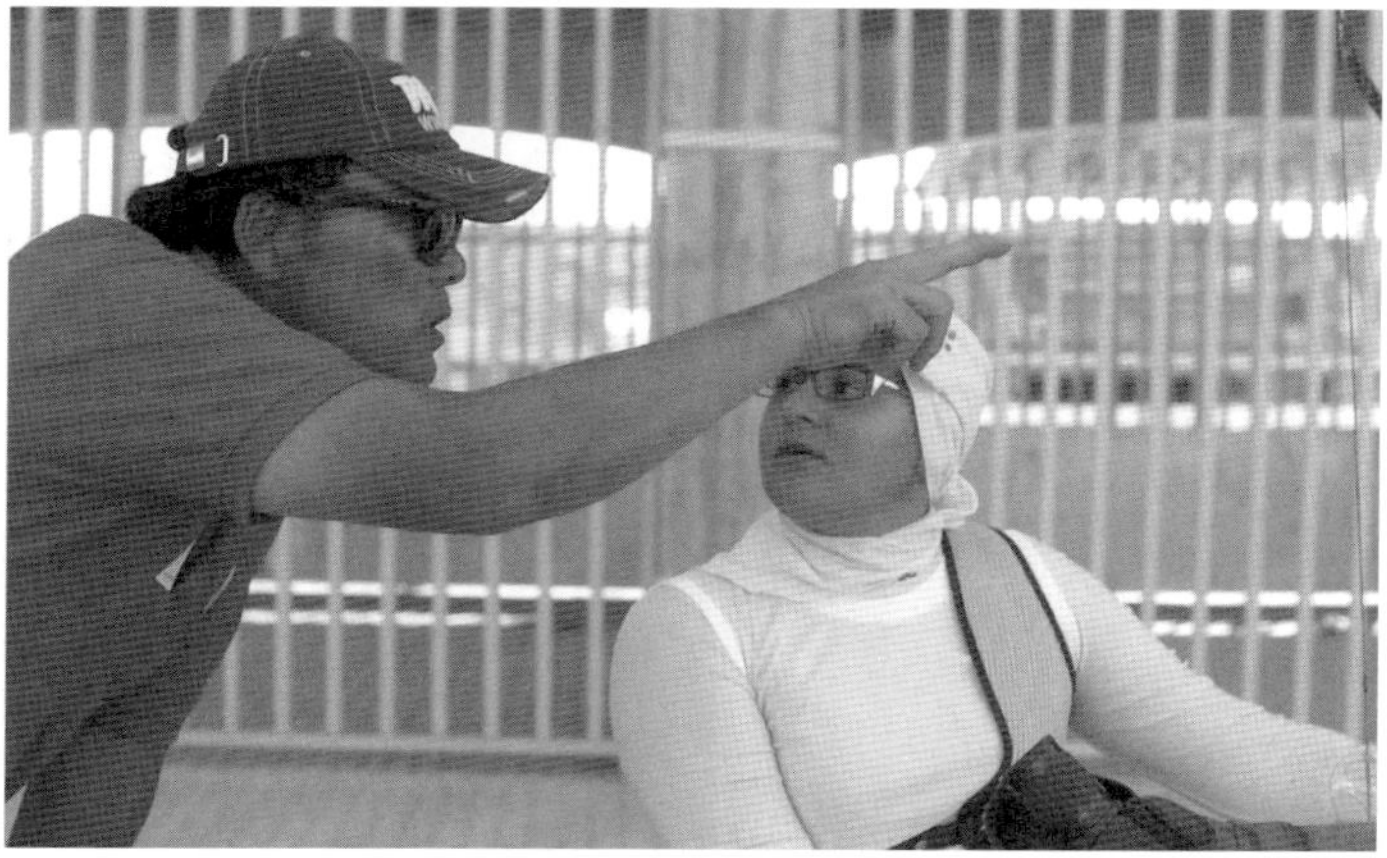

かける。

「楽しめ、楽しめ」

「風向きがあちこち変わるの。ある時はこっち、ある時はあっち」

「風が強くなってきたぞ。トライしなきゃ。構えて」

ネマティが構える。

「狙い目はＯＫ？」

しかし、どうしても矢は思うように飛んでくれない。パクコーチが苦笑する。

「いまのは六点？　五点？」

「七点よ」

ネマティが次の矢を取り出す。

「次は一一時の八点を狙ってみます」

しかし、一度構えた後、ネマティは射つのをやめてしまった。見かねてパクコーチがカウントダウンを始める。試合では、どんなに風が強くても、二〇秒以内に射たなければならないからだ。

「一五、一四、一三、一二、一一、一〇、九、八、七、六、五、四、三」

二でネマティが射った。結果は一〇点。

「ＯＫ！　ＧＯＯＤ！」

二人はこぶしを合わせる。

連日、あえて風の強い場所を探して、練習を続ける。しかしなかなかうまくいかず、六点。

「OK、OK、一度ミスしても気にするな」

「でも……」

「気楽に気楽に」

しかしまた七点に。コーチが元気づける。

「射ち方はいいよ。思い切り射て」

「七点を狙えばいいの？」

「七点か八点」

「方向は一時？　三時？」

「二時か三時だな」

「OK」

「狙いは七点か八点」

ネマティは狙いをつけるも、また弓を下ろしてしまう。

「どこに射っていいか、わからない」

「七点を狙って、七点か六点」

しかしネマティは、また弓を下ろしてしまった。パクコーチが言う。

「君の感覚は、君にしかわからない。やってみるしかないんだ。ファイトファイト」

## 障がいの犠牲にならない

ネマティは言う。

「もし神が望まれるなら、心の壁を打ち壊します。障がいの犠牲にならないで欲しい。これは、スポーツを通して私が毎日、伝えたいことです」

リオパラリンピックまで、あとわずか。ネマティが本当に成し遂げたいこと。

「リオの目標は金メダルを獲ることだけではありません。もっと大きなものです。ロンドンパラリンピック以降、自分の努力が実ったのを見てから、この思いは日に日に成長したのかもしれませんね。特に、周囲の反応を見てからそう思いました。

ザーラ・ネマティについてどう思う？　って話題になるたびに私が金メダルを獲ったことが人々に希望を与えることを知りました。私の人生について知った人々がそこからとても影響を受けたと聞き、私が自分の行動に責任を持つことが、私を知る人たちにはね返っていくのだと気づきました。誰かの正しい行いが、それを知った人の行いも正しく導き希望を与える。このエピソードは私のお気に入りなんです。どんなふうに考えたら良いか、日々の暮らしをどうやってより良くするのかを知って欲しいんです。皆の喜びが私の喜びになるんです。他の障がい者の人たちもきっと喜んでくれるでしょう。これが皆への支援になればと思います。

今回、オリンピック出場を決意したのも、この理由があるかもしれませんね。チャンピオンになりたいと願う人たちの動機になるかもしれないと思って。自分一人がチャンピオンになることが目的ではありません。二〇一三年に私は、国連で障がい者に向けて『決して自分の障がいの犠牲にならないでください』と言いました。

この私の発言がその年には、パラリンピックの記憶に残る発言のベスト一〇に選ばれました。

『障がいの犠牲にならないで欲しい』これは、スポーツを通して私が毎日、伝えたいことです。

障がい者の思考を目覚めさせること。それが最も大きな目標です。もちろん、メダルも獲るわよ」

そして九月、リオパラリンピック開幕。

ディフェンディングチャンピオンとして臨む、二度目のパラリンピック。しかしロンドンの女王に、心の余裕はなかった。理由は、一月前に行われた、リオオリンピック。一回戦敗退という苦い結果が、ネマティの自信をそいでいた。心の強さが、試されていた。競技に臨むネマティは、ノートに書きつけた文章を読んでいた。

私は最高の結果を出す。
私に微笑むことを教えてくれた神よ、
あなたに感謝します。
いつも心から笑いなさい。

ネマティは気持ちをコントロールできない自分に、苛立ちを隠せない。見かねたパクコーチが、撮影スタッフに、「ナーバスになっている。集中して射てないから、カメラは離れて欲し

い」と要求するほどだった。

迎えた決勝トーナメント。準々決勝の相手は、ロンドンで金メダルをかけて競い合ったミーノ。

セットポイントは四対二。ネマティィリードで迎えた第四セット。秒速五メートルを超える風が吹き始めた。ネマティィの放った三本目は六点。痛恨のミスショットだった。これでセットポイントは四対四。次のセットを落とせば、銅メダルにも届かない。

一本目は両者とも一〇点。二本目、ミーノが一〇点を逃し九点。ネマティィは一〇点だった。

そして三本目。ミーノは八点。ネマティィは一〇点。

「イランで強風の中、練習したことが心の支えになりました」

一〇点、一〇点、一〇点でのパーフェクトな勝利。パクコーチとネマティィがガッツポーズをとる。

勢いを得たネマティィは一気に決勝へ。もう、恐れるものはなかった。

決勝の相手はウー（中国）。

セットポイントは四対四。金メダルをかけた最後の一本。ネマティィの矢は吸い込まれるように一〇点に入っていく。パラリンピック連覇の瞬間だった。

ケルマーン州。

アーチェリーを始める障がいのある子どもたちが増えている。車いすの少女が言う。

「悩み事があるとき、矢を射つことでリラックスできるの。ネマティが目標よ。努力して彼女みたいになりたいの」

また別の車いすの青年は言う。

「彼女は僕のアーチェリーに影響を与えたんです。『僕にもできる』と思うようになれたんです」

これからも、

「ためらう背中をそっと押す、追い風でありたい」

ネマティはそう願っている。

**ザーラ・ネマティ**

イラン・ケルマーン生まれ。小学生のころからテコンドーを始め、黒帯を取得するも、18歳のときに交通事故に遭い下半身の自由を失う。その後、アーチェリーと出会い、健常者も出場する大会も含め数々の栄光に輝く。ロンドンパラリンピックで、オリンピック&パラリンピックを通じイラン人女性初の金メダリストとなる。

# 第四章

【リカルディーニョ】

## 「ボールを蹴りたい。試合に出たい。僕は、それで生きているんだから」

——サッカー王国ブラジル・盲目の10番、その軌跡と奇跡

文　吉田直人

# プロローグ

二〇一八年、七月中旬。千葉県千葉市、海浜幕張駅《かいひんまくはり》そばのサッカー場。この日は、ブラインドサッカー日本代表の合宿が行われていた。現在、日本代表の指揮を執るのは、二〇一三年から二〇一五年まで代表のゴールキーパーコーチを務めていた高田敏志《たかださとし》である。三〇度を超す猛暑。その中に、高田の声が響く。

「俺たちは、〝見える選手〟より上手い奴らと戦うんだぞ!」

高田の頭に浮かんでいた〝上手い奴ら〟は複数いたのかもしれないが、その中でも、一人は想像がついた。

高田や、前日本代表監督の魚住稿《うおずみこう》は、その選手をこう評している。

「スター性を持っている。メッシやネイマールのようなサッカーのスーパースターとしての資質。それは、やっぱり大事な時にゴールを決めるところです」(高田)

「空間認知能力が抜群に優れている。視覚情報がない中で、相手ディフェンスの陣形や味方の位置まで含めて、ピッチ上の情報を脳内でかなり鮮明に描けているんだと思います。それでいて、足元のテクニックもしっかりしている」(魚住)

その〝上手い奴〟は、このひと月前、スペインのマドリッドで開催されたブラインドサッカー世界選手権でも、試合中に鼻骨を骨折しながらもプレーを続け、自身もゴールを決めて優勝メンバーに名を連ねていた。その選手を描くために、話は二〇一六年まで遡る。

## 水面下の議論

「本当に、リオパラリンピックに間に合うのだろうか」

二〇一六年四月、WOWOWのチーフプロデューサー、太田慎也は悩んでいた。不安の種は、ブラインドサッカー（視覚障がい者五人制サッカー）ブラジル代表キャプテン、リカルド・アウヴェス（リカルディーニョ）の怪我であった。九月七日に開幕するリオパラリンピックまで約五ヵ月。九日の初戦に向けて、「一ヵ月前には〝運動〟ができるようになる」というのがリカルディーニョの主治医の診断。到底、パーフェクトな状態でピッチに立つことが困難なのは明らかだった。

WOWOWの『WHO I AM』取材班は、サッカー王国ブラジル国民の期待を背負い、パラリンピックへと向かうリカルディーニョのドキュメンタリー番組を撮影していた。プロジェクトをリードする太田が心配するのも無理はない。ドキュメンタリーを始めとして、数々の映像制作現場を経験してきた手練れ《てだ》のプロデューサーである彼の口からも、「取材を続けて大丈夫だろうか」と、つい本音が漏れる。

それを見た制作プロデューサーの大野丈晴は、飄々とした顔で言った。

「彼（リカルディーニョ）はきっと、三味線を弾いているんですよ」

「三味線を弾く」。相手を欺《あざむ》くという意味の日本の慣用句である。ブラジルには、「マリーシア」という言葉がある。ポルトガル語で「ずる賢さ」を表し、サッカーにおいては、ゲーム時におけるさまざまな駆け引きを指す言葉でもある。サッカー好きの大野の頭にはこの二つの言葉が浮かんでいたというわけだ。

「リカルドの不調を、僕は『マリーシアだ』と言っていたんです。そうしたら太田さんからは、『いや、リカルドに限って、さすがにそんなことはないでしょ』なんて言われて」

いささか混乱する取材班であったが、最終的にはパラリンピックまでの調整に励むリカルディーニョを見つめ続けることで一致した。

太田は回顧する。

「大野さんとは、かなり慎重に議論しました。リオに間に合うのか、間に合ったとしても活躍できるのか、まったく見えていませんでしたから。それでも、『リオ絶望』という診断ではなかったので、腹を括《くく》って賭けることにしたんです」

水面下での取材班の議論をよそに、パラリンピックの開催が近づいてくる。花形競技のブラインドサッカーで、チームの命運を担うキャプテン。リカルディーニョにとって、この上ない大舞台が迫っていた。

## 選ばれし者たち

ブラインドサッカーとは、視覚障がいの中でも最も重い全盲から光覚クラスの選手によるサッカー。二〇〇四年のアテネ大会からパラリンピックの正式競技となった。四人のフィールドプレイヤーと目の見えるゴールキーパーで試合に臨む。ゴールキーパーを除く四人はアイマスクを装着し、転がると音の鳴る特殊なボールを用いてプレーする。コートはフットサルと同じ大きさで、サイドラインにはフェンスが立ち、プレイヤーが自身の位置を確認したり、フェンスのバウンドを使ってボールをトラップしたりするのに利用する。さらに、選手同士の危険な衝突を防ぐため、ボールホルダーに向かっていく際には「ボイ(voy／スペイン語で「行く」という意)」という声を発しなくてはならない。ゴール裏にはコーラーと呼ばれるガイド役が立ち、選手にゴール位置やピッチ状況を伝える。〝音〟を重要な情報源とする選手たちのプレーの妨げにならぬよう、観客は静かに試合展開を見守るが、得点時の盛り上がりは対照的だ。

ブラジルには、約四〇〇のブラインドサッカーのクラブチームが存在しており、計三〇〇〇名以上がプレーしているという。その中から選ばれた一〇名が、パラリンピックのピッチに立つ資格を得る。現在のブラジル代表には、三名の強力なアタッカーがいる。パワーのあるダイナミックなプレーでゴールに迫る八番、ノナト。素早いドリブルで相手を置き去りにする点取り屋、七番のジェフィーニョ。そして、速さも兼ね備えたテクニシャン、中盤からパスを散らし、隙あらば変幻自在のドリブルで相手ディフェンダーを翻弄し、ゴールキーパーの裏をかく巧みなシュートを放つ不動の一〇番、リカルディーニョである。

サッカーにおける〝一〇番〟は特別な意味を持つ番号でもある。一九五八年のW杯スウェーデン大会に出場したブラジル代表は、エドソン・アランテス・ド・ナシメント（ペレ）の活躍で初優勝を果たした。以降、彼が纏《まと》っていた一〇番がエースナンバーとして扱われるようになったというのが定説である。〝サッカーの神様〟が、一〇番に箔を付け、意味を与えた。

母国の英雄が源流を成す特別な番号を背負うリカルディーニョも、無論その意味を内包するプレイヤーである。

## 失明。家族の機転

リカルディーニョは、一九八八年一二月一五日、ブラジル最南端のリオグランデ・ド・スル州東北部の町、オソリオで生まれた。人口は約四万人。西にアルゼンチン、南にウルグアイと接する州の中でも大西洋沿岸部に位置するオソリオは、吹き抜ける強い風から

『風の町』とも呼ばれる。『オソリオ・ウィンドファーム』はラテン・アメリカ最大級の風力発電施設群であり、市街地から離れた平原には、発電用のプロペラが林立している。

「か弱い植物のようでした。それでも、きちんと育てれば、芽が出て、実も付けるのです」（父セリオ）

「可愛くて、ふっくらしていて、色白で。落ち着いていて、本当に良い子でした」（姉ジュリアナ）

家族からは穏やかな言葉が並ぶが、成長に伴ってリカルディーニョは次第に活発になっていき、この国の多くの子どもたちがそうであるように、ボールを蹴り始めた。当然のように、サッカー選手になることを夢見た。当時を思い浮かべてリカルディーニョは言う。

「ボールで遊び始めた時、何もかも簡単に感じたんだ」

母のレニーが振り返る。

「何でもかんでも壊すから注意しても、雨の日や夜は家の中でもボールを蹴っていました。兄弟と一緒に、台所の端と端で分かれてサッカーをしていました。足先には常にボールがありました。今でもそうですよ」

わんぱくな盛りのわが子が聞く耳を持たないと分かっていながら、注意をするレニー。セリオは、リカルディーニョがサッカーをしたいと望めば、必ずやらせた。家の中庭に取り付けられた網をシュートで駄目にしてしまっても、セリオは文句も言わず、針金で修繕して、再び自由にシュートを打たせた。大らかな家族に囲まれて、リカルディーニョは成長していった。

六歳頃になって、リカルディーニョの身体に変化が生じ始める。ある日、学校からセリオまで連絡があった。「授業中に黒板が見えていないようだ」という。地元の病院では手に負えず、州都、ポルト・アレグレまで通院することになった。五度の手術を重ねた頃、医師は家族に「このままでは視力を失う」と伝えた。姉のジュリアナは「世界が崩壊したようでした。でも、希望を失わずにいたことを覚えています」と当時を振り返る。

ジュリアナが希望を失わなかった背景には、両親の行動もあったのかもしれない。リカルディーニョの失明が不可避な状況にあると分かると、セリオとレニーは生活環境を変えるために情報を集め、工夫をこらし始めた。門限などの規則を撤廃し、友達や馬と好きなだけ遊ぶことを許した。ポルト・アレグレに視覚障がい者クラスのある学校の存在を聞けば、説明を聞きに行った。

ジュリアナは、リカルディーニョが光を失う前にどうしても見せたいものがあった。自身の結婚式でのドレス姿である。フィアンセの「リカルドにも結婚式を見せてあげたい」という言葉の後押しもあり、大急ぎで日取りを決め、準備を進めた。披露宴には三〇〇人ほどの人が集まった。「リカルドが近くにきて私を見つめ、何も言わずに抱きしめ合いました。抱きしめるだけで全てが伝わることもあるんですね」。彼女は今でも、リカルディーニョの一番のファンだ。

セリオとレニーは、息子の失明を機に居も移した。結婚していたジュリアナをオソリオに残し、ポルト・アレグレへの引っ越しである。リカルディーニョをサンタルズィア校に転校させるためだった。同校は視覚障がい者のクラスを擁し、点字教育が充実している。「視力が戻らないのなら、せめて良い学校に通わせよう。点字の習得は彼にとって重要なことだったし、フットサルの活動もあったんです」。転居にはセリオの決断があった。レニーにとってもリカルディーニョの失明は受け入れがたいことではあったが、正しい導きがあるよう、神に祈った。

## 才能、萌芽す

サンタルズィア校に入学したリカルディーニョに、運命的な出会いが待っていた。最初のコーチであるアドウフォ・デ・オリベイラ（ドドー）との邂逅である。リカルディーニョはドドーに誘われてスポーツのレッスンに参加し、ブラインドサッカーを知る。視力を失い「もう二度とサッカーはできない」と思っていたが、国内の多くのブラインドサッカークラブや、代表チームの存在を知り、サッカープレイヤーになるという夢が再燃した。夢を取り戻したリカルディーニョの心は期待と喜びで溢れた。

ドドーは一九七五年から二〇一〇年までサンタルズィア校で勤務した元教師。その間、地元の視覚障がい者協会でもボランティアに従事していた。ドドーと一緒にスポーツをした視覚障がいのある同サンタルズィア校の子どもたちは、協会に入ってスポーツを続け、ブラジル国内の大会に出場していく。ドドーは無類の子ども好きで、障がいの有無にかかわらず、子どもたちがスポーツを楽しむための橋渡し役となっていた。生徒たちはドドーのことを親しみを込めて「あのジジィ」と呼ぶ。障がい者も健常者も共に学ぶサンタルズィア校と、ドドーの存在は、視力を失ったばかりのリカルディーニョの前途を照らす光明であった。リカルディーニョとドドーは、休み時間も惜しんでサッカーに明け暮れた。

父セリオが回想する。

「サッカーを教える熱意を持ちながら、落ち着いて子どもたちを指導するドドー先生は、間違いなく、スポーツの面でキーパーソンでした」

ドドーがいなくても、リカルディーニョは仲間たちとボールを蹴った。一人の時には自宅の庭でのドリブルや、壁に向けてシュートを放ち、鍛錬を重ねた。ブラインドサッカー用のボールは高価だったため、通常のボールにビニールのレジ袋を被せ、音が出るように工夫した。レジ袋一枚の中にボールを入れて、口を結ぶ。夕刻、庭にはレジ袋が溢れた。当然ながら、蹴り続けるとすぐにズタズタになってしまう。音の出るサッカーボールをこしらえるために、セリオはスーパーマーケットへ行く時は、必ず多めにレジ袋を貰うようにした。しばしば店員に聞かれた。「沢山買ったわけでもないのに、なぜそんなにレジ袋が必要なのか」。セリオはその都度説明した。「家が遠いから、帰るまでに破れてしまう。だから袋が沢山必要なんだ」。父親の苦し紛れの言い訳である。その結果もたらされたレジ袋の数だけ、リカルディーニョはサッカーに興じることができた。次第に、ドドーから自宅での練習用に鈴の入ったボールを譲り受けるようになり、セリオがレジ袋を多く貰うことはなくなっていった。

一方、サンタルズィア校でリカルディーニョとプレーしていたドドーは、長年の経験から、すぐに彼の才能に気づいていた。

「リカルドはアスリートとして完璧な素質を持っていました。恐れを知らないように見えたのです。才能が開花するかは家族次第です。子どもの目が見えなくなるという事実を受け入れ、サポートをする。その結果、過保護になって不安定になる子もいます。リカルドはいつも独立心がありました。だからこそ、今の場所までたどり着いたのだと思います。彼のプレーを見ると、『本当に見えないのか』と疑う人もいます。もし、失明していなければ、ここまで世界的に認められる選手になったでしょうか。視力を失ったことでパラスポーツ選手になった。それが彼の宿命だったのです」

ドドーには忘れられないエピソードがある。サンタルズィア校のサッカーコートは、金網で囲われていたが、ある時、リカルディーニョがプレー中に転倒し、金網に膝をぶつけた。筋肉が見えるほどの裂傷ができ、何針も縫った。ドドーをはじめ周囲は心配したが、当の本人はケロッとしていた。ドドーは驚いた。「この子は大物だ」。サッカーの試合では、リカルディーニョは自分の対戦相手にボールを少し見ることのできる弱視の選手を入れるように望んだという。その状況でドドーがプレーの指示を出す。リカルディーニョの際立ったボールコントロールの礎は、幼い頃の視覚記憶に加え、この頃のドドーによるコーチングによって形成された。

ドドーは言う。

「スポーツをすることで、視覚障がい者の自尊心は高まります。運動によって、喜びや希望を持てるようになるのです。今現在のリカルドのようなトップアスリートならなおさら、世界中を回り、様々な体験ができるのですから」

視力を失ってから約六年後、一五歳の時に、リカルディーニョはプロ選手も在籍するブラインドサッカーチームへ入団を果たした。

## 異次元の嗅覚

若き才能の出現は、大きな注目を集めた。一六歳。史上最年少でブラインドサッカーブラジル代表に招集。セレソンの仲間入りを果たし、世界への扉を開いた。前年はブラインドサッカーが初めて正式種目となったアテネパラリンピックが開催され、ブラジルが優勝を飾っていた。快挙の余韻は、代表に入ったばかりのリカルディーニョにも共有された。

二〇〇六年、アルゼンチンのブエノスアイレスで開催されたブラインドサッカー世界選手権。リカルディーニョの代表デビュー後初めての世界大会である。ブラジルがグループリーグ第二戦で相まみえたのが日本代表であった。長らく日本代表の主軸としてプレーし、一〇番も背負った落合《おちあい》啓士《ひろし》は当時をこう話す。

「他国の速いドリブラーは、機械的で幾分守りやすいんです。例えば中国の選手だったら、縦方向のドリブル中に、『ボイ』って言いながらディフェンスが追いかけると、クッて止まって、マークが外れるのを待ってから内側に入ってくる。だから、ディフェンス側も合わせて止まれば、こちらにぶつかってきてブロックできる。リカルドと対峙した時も、同じように止めようとしたら、アイツは僕が止まったのを感知して、スピードを落とさずに、僕の脇を抜けていったんです。逆にこちらが止まらなければ、今度はインサイドから進入してくる。そのあたりの認知が本当に早い。悔しかったけど、上手い。同じ視覚障がいですけど、凄いな、と」

二〇〇八年、北京。初めてパラリンピックの芝を踏んだ一九歳のリカルディーニョはキャプテンマークを巻き、アテネに続くブラジルの連覇に貢献した。四年後、二〇一二年のロンドンでも、リカルディーニョは躍動する。一次リーグのトルコ戦では前半一三分にジエフィーニョからパスを受けると、すぐさまペナルティエリアに進入。二人の相手ディフェンダー間を縫うように突破し、低重心で守っていたゴールキーパーを嘲笑うかのようにゴール右上隅を狙い、ネットを揺らした。得点の瞬間、解説者は思わず「Fabulous goal!（信じられないゴールだ！）」とため息混じりの声をあげた。ブラジル代表はそのまま順当に勝ち進み、パラリンピック三連覇を遂げた。

リカルディーニョのゴールセンスは、その認知能力にある。チームメイトは説明する。「ゴールキーパーが下を守っていると、彼は上にシュートします。低いシュートを止められると高めを狙い、高いシュートを止められると低く打ちます。相手の裏をかくシュート技術と瞬時の判断力。それが、彼が世界ナンバーワンプレイヤーである理由です」

二年に一度、世界で最も優秀なパラアスリート、チームを表彰する『Paralympic Sport Awards』では、ブラジル代表が二〇一三年のベストチーム賞を受賞。リカルディーニョは、表彰の壇上に立ち、三年後に控えた地元開催のリオパラリンピックで、母国を四連覇に導くことを誓った。

## 灯った黄信号

二〇一六年四月、リカルディーニョの所属するクラブチーム、AGAFUCはサンパウロで行われた地方大会の決勝を戦っていた。ポルト・アレグレ北部に接するカノアスを拠点とするＡＧＡＦＵＣは、二〇一〇年に設立された新興のチーム。リカルディーニョの加入で力を伸ばし、数々のタイトルを獲得してきた。対するは地元チームＡＰＡＤＶ。ポルト・アレグレを本拠地とするＡＧＡＦＵＣにとってはアウェーゲームである。拮抗した展開が続く中、マークのため自陣に引いたリカルディーニョに相手フォワードがスライディングを敢行。左足を直撃した。痛みに呻《うめ》くリカルディーニョを見て、チームメイトも心配の色を隠せない。エースを欠いた試合はＰＫ戦の末、敗れた。

　リカルディーニョの足は、靭帯が断裂し、骨が折れていた。スライディングによって捻った足に相手選手が乗り上げ、内足部の靭帯

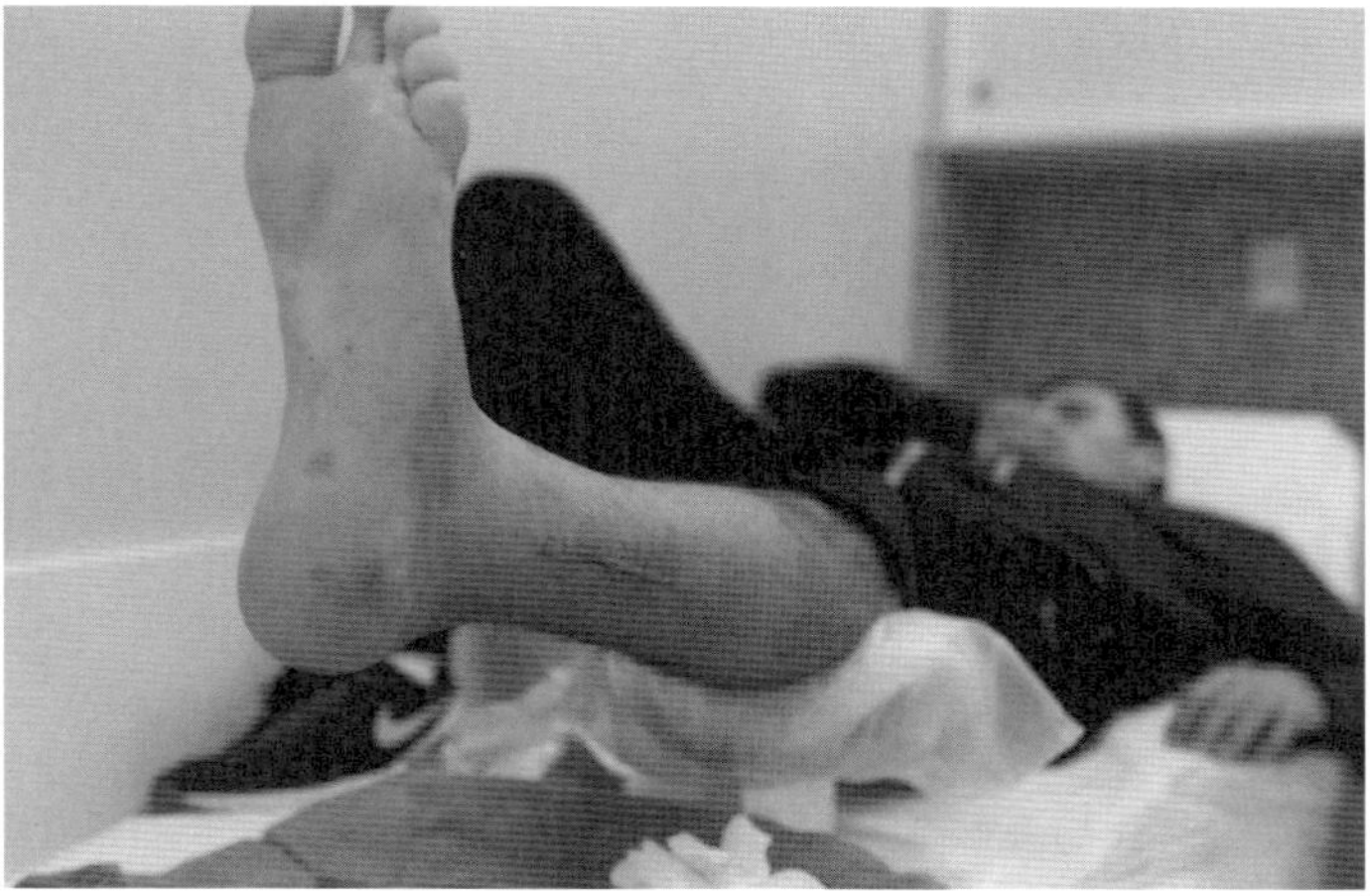

が断裂。その結果骨折を引き起こした。骨折箇所には手術でプレートが入れられ、関節をワイヤーで固定し、ギプスが巻かれた。

病院まで付き添ったAGAFUCの監督ラファエル・アストラダは、「一瞬の出来事でした。相手も故意ではなかったのでしょうが、危険な行為でした」と漏らした。

リカルディーニョのフィアンセであるマリアナも病院に駆けつけた。ギプスが取れる頃には、主治医のパウロ・ラベロからリカルディーニョの足のコンディショニングについての説明を受けた。マリアナは、四年前からリカルディーニョを公私にわたり支えてきた姉さん女房である。

リカルディーニョの頭にまず浮かんだのは、パラリンピックのことだった。しばらくは安静にしていなくてはならないが、普段の休暇時ですらサッカーが恋しくなる彼にとってみれば、耐え難い苦痛な時間であった。気持ちを落ち着かせようと必死になっていた。

「今までも、様々な困難を乗り越えてきたんだ。こんなことで挫折してなるものか。逆にこれをばねに強くなってみせる」

パウロ医師によれば「手術後二ヵ月で歩けるようになり、四ヵ月で運動ができるようになる」。パラリンピックは九月。一ヵ月前にようやく運動ができるようになるという診断は、リカルディーニョの出場に黄信号が灯ったことを意味していた。

## 共通項は〝ブルース〟

そんな頃に撮影に入ったのが、WOWOWの『WHO I AM』取材班だった。前述した制作プロデューサーの大野曰《いわ》く、取材開始当初は、リカルディーニョとの間には距離がある状態が続いたという。

「でも、リカルドと距離が縮まった瞬間があったんです。四月の取材ではあまりリカルドと話ができずにブラジルから帰国したんですが、その後、担当のディレクターが中島《なかじま》という者に替わりまして。その中島が、ロケ中にリカルドと楽器を演奏し始めて……」(大野)

長髪に顎《あご》ひげを蓄えた中島悠《ゆう》は、ベルリンで映像作家として活動していた折、知人の紹介で『WHO I AM』取材班に参画することになった。オファー当初の中島の宣言は、「感動ポルノは撮らない」ということだった。あくまで対峙するアスリートの人間性を見たい。構成やリサーチもそこそこに、リカルディーニョという一人の人間を撮るべくブラジルに飛んだ。

その中島が回想する。

「人間って、共通項があると一瞬で仲良くなれる。リカルドがブルースを弾いてる映像とか、自分のオリジナルソングを弾いてる映像を見つけて、俺もブルース大好きだったから、『ブルースだね!』と思った」

リカルディーニョと初めて顔を合わせた日、声をかけた。「リカルド、楽器やるんでしょ？　実は俺もギター弾くんだよね」。リカルディーニョのギターを拝借すると、即座に弾き始めた。次いでギターを返し、今度はリカルディーニョが演奏を始める。すると、リカルディーニョが言った。「僕、ベース持ってくる。セッションしよう。キーは『E』で」。その場でセッションが始まった。「ブルースって凄くシンプル。小節数も決まっていて、キーを決めればあとは繰り返し。その中で俺が歌ったり、ソロで弾き合ったり」

中島の言葉である。

一〇年近くの海外生活で英語が堪能な中島だが、リカルディーニョはポルトガル語を話す。普段の取材における言語でのコミュニケーションはコーディネーターである日系二世の元テレビウーマン、ジュリエッタ川岡が担っていたが、共通項を見出した二人にとって、この時は通訳なしでも通じ合うものがあった。

「俺にも分かる言葉で、リカルドは『エリック・クラプトン』って言ってきた。面白い奴だなぁと。そしたら今度は『Louco, Louco（ロウコ、ロウコ）』って言ってきたんだ。ポルトガル語で『クレイジー』って意味なんだけど、向こうからすれば『面白い奴だな』ということだったんじゃないかな」

セッションが終わる頃には、二人のアイスブレークは済んでいた。

「当時、リカルドは怪我をしていて、繊細な状態ではあったと思う。打ち解けたと言って

も、撮影のハードルはあったよ」（中島）

外国メディアによる慣れない密着取材である。ジュリエッタによれば、リカルディーニョは「基本的にはナイーブ」。彼にとって、音楽鑑賞と並ぶリラックス方法は犬と戯れること。取材班は、犬の散歩にも時に同行しながら、以降、適度な距離感を保ち、取材を進めていった。

## 多様な社会で磨かれたポリシー

リカルディーニョとギターセッションを敢行した中島は、フリーの映像作家としてニューヨーク、ベルリンと渡り歩いてきた。ニューヨークからの帰国時に手がけたドキュメンタリー映画『KATSUO-BUSHI』がＩＤＦＡ（国際ドキュメンタリー・フィルムフェスティバル・アムステルダム）を始めとした国際的なフィルムアワードで正式上映されるなど、注目を浴びた。二〇一五年にベルリンへ渡ってからも、型にはまらない製作スタイルを貫いてきた。ベルリン滞在中に製作した短編ドキュメンタリーシリーズ『FROM BERLIN』では、シリアから難民としてベルリンにやってきたミュージシャンの人間像をとらえている。

中島には、人間の多様性を受け入れる度量が育まれていた。

テレビ嫌いの父の方針で、ニュース番組かドキュメンタリー、あるいは大河ドラマしか見せて貰えなかった幼少期の中島だが、同じく父の影響で映画を夢中で観ていた。毎週木曜日に家族でレンタルビデオを借りに行くと、中島は主にディズニー作品を選んでいたが、父が借りる映画の多くは伊丹十三《いたみじゅうぞう》とホラー。そのため、中島は小学生時代に伊丹十三作品をほぼ制覇していた。夕食後は父がフォークギターを弾いたり、ビートルズなどの洋楽を流していた。「今思えば変わった家庭だったんだと思う。日本の家庭っぽくないというか」と中島は苦笑しながら思い出す。

　音楽関係の専門学校では自身のバンド活動に加えて、作詞や、ミュージックビデオの撮影を手がけていた中島は、次第に映像畑に身を投じていった。専門学校を卒業後、金を貯めて二四歳で単身ニューヨークに渡り、一時帰国の後、二九歳でベルリンに渡る。〝メルティング・ポット〟とも言われ、異国の人間に寛容だった二つの都市を経由しながら、中島の柔軟性は更に磨かれた。

「多様を受け入れて、多様な人々の中で、多様な文化が発展していく。ニューヨークは、皆がsomeone（誰か）になろうとする街。名もない奴じゃなくて、自分の身を立てることを凄く意識している街。その後にドイツに向かった。元社会主義。ベルリンなんて半分社会主義で半分資本主義。アメリカ的な資本主義経済をバカにしていたのに、ＥＵで一位の経済規模を築いているドイツ。勿論お金もある程度大事だけど、人間の幸せはお金に結び付くとは限らないというのはドイツに行って学んだ。ニューヨークも物凄くエネルギーがあるけど、違った意味で、ベルリンも良かったな。社会がジャッジをしない。見た目だの、学歴だので」

そんな人生を生きてきた中島がパラリンピアンを撮る。ポジティブな影響を作品に及ぼしたのではないか。

「それはあるかもね。俺、人を見る時に、〝記号〟で見ないようにしてる。例えばパラリンピアンだったら『腕が無い人』とか。自分が元々、記号で見られるのが嫌だった。『俺』という個人を見て欲しい。何かのジャンルの人じゃなくてね。その姿勢は作品に映ると思った。だって〝人間〟を見たいじゃん」

## 指揮官の役目

話はリカルディーニョに戻る。

リカルディーニョの離脱はブラジル代表にも深刻な影響を与えていた。セレソンの監督を務めるファビオ・ヴァスコンセロスは、リカルディーニョが初めて代表入りした時のゴールキーパーでもある。ファビオは、二〇〇〇年にブラジル代表に加わり、二〇〇四年のアテネから二〇一二年のロンドンまで、三連覇したパラリンピック全てでゴールマウスを守ってきた。プレイヤーとしては代表から退き、地元開催のリオパラリンピックで初めて母国の指揮を執ることになった。勝利の味を知っているからこそ、簡単には勝てないことも身に沁みて分かる。ファビオは、チームの危機にも毅然と振る舞っていた。「勿論、リカルドがいないことは大きな痛手ですが、私は監督としてこの問題を解決しなければいけません。必ず、代わりになれる者がいます」

ファビオは他国の代表チームの傾向として、守備的なチームが増えていることを感じていた。それは世界王者に君臨し続けるブラジルの攻撃力を懸念してのものでもあった。対戦相手の狙いは守備を固めてブラジルの猛攻をしのぎ、ドローもしくはPK戦へと持ち込むことだ。だからこそ、固められた守備を崩す機動力を磨くことがチームのテーマでもあった。「状態が良くなかったり、結果を出せない選手には帰ってもらう。体の準備ができていない選手にも帰ってもらう」。代表のメンバーにはハードワークを課した。

「リカルドが復帰した時に、チームが彼をサポートできるように、一層強くなっていなくてはなりません。彼が消耗しすぎないように、戦術の面でもいくつか見直しが必要です。例えば、マークの回数を減らすなどです。リカルドは一〇〇%の状態で戻ってくるわけではありませんから」

## 一一年来の友情

リカルディーニョにとって、ブラジル代表の中でも特に思い入れの深いメンバーがファビオだ。

ファビオは、史上最年少の一六歳で代表入りしたリカルディーニョを兄弟のように大切にした。代表合宿で同部屋のことも多く、よく声をかけ、リカルディーニョを鼓舞した。

ファビオにとって一つの思い出がある。リカルディーニョがブラジル代表に入ったばかりの頃、いつも自分の逆をついてゴールを決めるため、ファビオは、「実は見えているのではないか」と思い、試すことにした。明るい部屋に連れて行き、彼を歩かせた。目が見えていれば、壁にぶつかることはないはずだ。ところが、リカルディーニョは止まらずに歩いて行き、危うく壁にぶつかりそうになったという。そこで、彼の目が見えていないと分かったのであった。

代表メンバーとして一一年にわたり、共にプレーしてきた同志として、ファビオも深刻な怪我に忍耐強く立ち向かうリカルディーニョを見て心が痛んだ。パラリンピックまでには、全快に向かうと信じていた。

リカルディーニョにとってみれば、ファビオが監督に就任した時、フィールド上でともにプレーできない寂しさを感じた。しかし、選手時代からすでに監督のような存在感を発揮していたファビオが、しかるべき役割を与えられたことに喜びも感じていた。「これまでの彼の努力を知っている。栄光を手に入れるべき人だ。代表と共に勝ち続け、幸せになって欲しいんだ」

リカルディーニョは、代表チーム、そしてファビオに全てを捧げる覚悟だった。

## ファンタジスタを想う人々

復帰に向けてリハビリの日々を送るリカルディーニョをサポートしていたのは、クラブチーム、インテル・ナシオナルのトレーナー、ロドリゴ・ロサットである。同クラブはリカルディーニョの住むポルト・アレグレを本拠地とし、かつては、ブラジル代表監督を務めたドゥンガ、現在はサンパウロFCでプレーする元ACミランのアレシャンドレ・パトや元チェルシーFCのオスカルも在籍した。二〇〇六年のクラブワールドカップでは、決勝でFCバルセロナを破り初優勝を飾った、ブラジルの名門チームの一つである。

そのロドリゴの元に、リカルディーニョは父セリオの運転で通っていた。八月の代表合宿までにはチームに合流させ、感覚を確かめたいというのがロドリゴの考えだった。

「今までにないほど酷い怪我です。バランスを保つために大切な視力を失っている中、代わりにセンサーとして重要な役割を果たすのは足首ですが、靱帯を断裂し、骨折もしているのですから。彼がこなしているリハビリの量、基礎体力の高さと精神力が、回復の助力となっています」

リカルディーニョの復帰への意志に感心しつつも、ロドリゴの目からみて、彼のパラリンピック出場はリスクを伴うものであった。しかし、間に合うことを信じて共にリハビリに取り組むことを選択した。

リカルディーニョの元には、代表や所属クラブのメンバーから励ましのメッセージが届いていた。二〇一二年のロンドンパラリンピックからブラジル代表の一員であり、同大会決勝のフランス戦で先制のPKも決めたガブリエルは、友人でもあるリカルディーニョの離脱を嘆いていた。リカルディーニョの怪我を知り、午前四時に泣きながらSNSでオーディオメッセージを送った。ガブリエルは言う。「リカルドのボールに対する執念は見習うべきものがあります。コート内外でも模範的な選手です。彼はブラジル代表に必要な人間。闘う戦士なんです」

ガブリエルだけでなく、代表メンバー全員がリカルディーニョのカムバックを切望していた。リカルディーニョも、すぐに練習には参加できないと分かっていたが、黙々とリハビリに打ち込んでいた。

「ボールを蹴りたい。試合に出たい。僕は、それで生きているんだから。なのに、もうずいぶん長い間ボールにすら触っていない。どうやって回復していくかをイメージしてリハビリに取り組み、ようやく走れるようになってきた。ボールを使える日を夢見て、毎日を数えながら生きている。いつも、代表に戻ることばかり考えているんだ」

## 六人目のプレイヤー

ブラインドサッカーのコートに立つのは四人のフィールドプレイヤーと、一人の晴眼者のゴールキーパーであるが、もう一人、欠かすことのできない六番目のプレイヤーがコーラーだ。コーラーの役割は、フィールドプレイヤーに対してピッチ状況や陣形を踏まえたプレーの指示を出したり、セットプレーやＰＫ時に、ポストを棒で叩いてゴールの位置を伝達したりすること。言うなれば、暗闇の中で、ゴールへの道筋や危険なポイントを照らす足元灯のような存在である。セットプレー時にはキッカーと画策し、サインプレーで相手ディフェンダーを罠にかけることも可能だ。相手にシュートを悟られないよう、言葉遣いを工夫する場合もある。

コーラーはポルトガル語で『シャマドール（chamador／呼びかける人）』と言う。ブラジル代表のシャマドールを務めるのはルイス・フェリペである。選手によって呼びかけ方の好みも異なるため、日々の練習や食事の時も、フィールドプレイヤーと意識的にコミュニケーションをとり、信頼関係を構築していく。

リカルディーニョにとって印象に残っている得点も、コーラーとの連携から生まれた。北京パラリンピック決勝の中国戦でのことだ。二四分に相手ミッドフィルダーのワンに先制されたブラジルは、アジア独特の蒸し暑さと強固なディフェンスに苦しめられ、反撃の端緒をつかめずにいた。すると三〇分。リカルディーニョがファウルを受け、フリーキックのチャンスを獲得。ここで、リカルディーニョは頭脳プレーに打って出る。コーラーと呼吸を合わせてゴール左側を狙う素振りを見せると、相手ゴールキーパーが反応。すかさずゴール右隅に蹴り込み、同点に追いついたのだ。「相手を騙し、ゴールを決めた。練習通りの頭脳プレーだった」と、リカルディーニョは得意げに振り返る。

ルイスは北京、ロンドンではコーラーの立場になかったが、普段のトレーニングで蓄積してきた綿密なコミュニケーションが、試合本番でストラテジックに機能するという事実は変わらない。

「基本的には（ポストの）右と左を叩くのですが、その音によって、どこに人がいるのかだいたい把握できます。短い時間の中で瞬間的に映像を作り出し、その映像によって、まっすぐゴールに向かってシュートを打つという感覚です」

リカルディーニョはコーラーと自身のプレーの連携をそう表現している。

## エースの矜持、新たな危機

二〇一六年八月下旬、サンパウロ。リオパラリンピックを二週間後に控え、リカルディーニョはようやく代表のトレーニングに合流した。トレーナーのロドリゴが言ったとおり、ギリギリのタイミングでの復帰となったリカルディーニョは、他のメンバーとは別メニューでトレーニングを開始した。しかし、足をかばいながら走るリカルディーニョの姿から、万全からは程遠い状態であることは明らかであった。監督のファビオに言わせれば、「状態は八〇%ぐらい」。一番の問題は今までチーム練習に参加できなかったことだった。長期間の離脱が、味方同士の連携に与える影響は小さくない。大怪我を乗り越えたリカルディーニョであったが、本番までの時間が短すぎた。ファビオにとっては、それが最大の不安要素だった。

リカルディーニョ自身が一番良く分かっていた。自分の身体が、自分の物ではないように感じる。二週間後に迫った大舞台を前に、フラストレーションが溜まった。「正直に言うと楽じゃない。毎日が我慢だね。練習中にも痛みはあるけど、逃げ場はない」。チームトレーナーのサポートで足のケアを入念に行いながら、リカルディーニョは約四ヵ月ぶりのチーム練習をこなしていった。休憩の間、少し離れた所から耳に入ってくるのは、コーラーのルイスがゴールポストを叩く音や、シュートを合図する「エオ！　エオ！」という掛け声、仲間がボールを蹴り込む時のインパクト音。混然一体となって自分の耳に吸い込まれてくる様々な音に、リカルディーニョは焦りを募らせていた。

ファビオの耳には、パラリンピックではブラインドサッカーの客席は満員になるという情報が入っていた。ブラジルがどこまで勝ち進むことができるのかまだ誰にも分からないのに、準決勝や決勝のチケットは売り切れている。多くの国民が、母国の金メダル獲得を信じて疑わなかった。ファビオは簡単な試合ではないと感じていたが、満員の客席は選手にとって大きなモチベーションになるとも思っていた。というのも、パラリンピックで三度優勝しているにもかかわらず、観客はそれほど多くはないという実情があったからだ。大舞台で勝てば、一時的に注目度は高まるが、しばらくすると熱は冷める。その中で、ファビオやリカルディーニョらブラジル代表の面々は、ブラインドサッカーの体験ワークショップやイベントを開催するなど普及活動も行ってきた。ブラジル代表の面々にとってスタンドが埋まるというのは、待ち望んでいたことでもあった。地元開催のパラリンピックは多くのメディアが集結し、試合の中継も組まれていた。選手の家族のみならず多くのブラジル国民が、ブラインドサッカーを観戦する絶好の機会でもあった。

「チームへの期待は自然なことだと思うし、一〇番である自分は絶対に悪いプレーは見せてはいけない。キャプテンであるからには、言動は模範的でなければいけない」とリカルディーニョは言う。「つまり、重圧は期待に応えられる人にだけ与えられるものなんだ」と。

セレソンのメンバーたちは、代表に入るまで多くの苦労を重ねてきた。だからこそ、彼らは今の状況を大切にする。その思いが、ブラジル代表の強さを根底で支えていた。リカルディーニョはさらに言う。「人生にはシンプルなルールがある。簡単に手に入れた物にはあまり価値を感じず、苦労して獲得した物に対しては大きな価値を見出すものなんだ」。世界最強集団の筆頭を任されてきたフットボーラーの矜持があった。「自分を信じ、怖がらずに向かっていく。もし失敗しても、また挑戦するんだ」

万全ではないとは言え、復帰したリカルディーニョを迎え入れたチームは、少しだけ活気を取り戻した。当初は別メニューで調整していたエースだったが、途中からチーム練習にも交ざり、僅かではあるが、ピッチ上での感覚を取り戻しつつあった。怪我の直後には泣きながらオーディオメッセージを送ったガブリエルも笑顔を見せ、トレーニングの合間にリカルディーニョに声をかけ、談笑した。「彼は全力で戻ってきた。リカルドと一緒に戦えることは僕の喜びです」

しかし、大会前最後の合宿でも、アクシデントは起こった。リカルディーニョを励まし続けたガブリエルが、以前から抱えていた怪我を悪化させたのである。本番までの回復の見込みは薄く、そのまま代表メンバーからも外れることになった。全快とは言い難いエースと、直前でのメンバー離脱。ブラジル代表は不安を残したまま、パラリンピックの開幕を迎えることとなった。

## 問われる真価、そして歓喜

二〇一六年九月九日、ブラジル代表は、リオパラリンピック初戦を迎えた。ホスト国として、ブラインドサッカーの開幕戦である。一次リーググループA、相手は初出場のアフリカ王者、モロッコ。リカルディーニョもスターティングメンバーに名を連ねた。

立ち上がりからモロッコのディフェンスに攻めあぐねていたブラジルは前半七分にリカルディーニョのパスミスからピンチを招く。モロッコのフォワード、ハッターブがインターセプトし、完全なフリー状態でシュートを放った。監督ファビオの後を継いだ若手ゴールキーパー、ルアンが弾き返したが、ハッターブは以後も幾度かブラジル陣営を脅かした。そして前半一三分。守備でもたつくブラジルにハッターブが襲いかかる。ブラジルの三番カッシーオからボールを奪い取ると、一度倒れるも起き上がりざまにシュート。これがゴール右隅に決まった。ジャイアントキリングの予兆に沸くモロッコ陣営。反対に悲鳴にも似た声がブラジルサポーターから漏れた。パラリンピックにおけるブラジルの失点は二〇〇八年の北京における一次リーグと決勝で中国から奪われた計二点のみ。しかしいずれの試合も同点および逆転している。すなわち、ブラジルはパラリンピックでは一度も負けていないのである。出端を挫かれたブラジル代表は動揺を隠せなかった。

その後、リカルディーニョやノナトが決定機を作るが決めきれず、二度のPKもモロッコのゴールキーパー、バラが止めた。重苦しい雰囲気のまま、ブラジルは前半を終えた。
しかし後半に入り、ブラジルは息を吹き返す。六分。ルアンのゴールスローを受けたリカルディーニョが左サイドを駆け上がった。ペナルティエリアに進入するとすぐさま右足を振り抜きシュート。ゴール右上隅に突き刺した。リカルディーニョは、右手を高々と突き上げると、直後に駆け寄ったコーラーのルイスに抱え上げられた。沈黙していたサポーターも、歓喜に沸いた。「ブラジル！　ブラジル！」。もがいていたブラジルのエンジンに点火したのは、やはりこの男であった。一一分にはジェフィーニョのシュートで勝ち越し。直後にノナトが突き放す。硬さが取れたブラジルは本来の勢いを取り戻し、苦しんだ初戦を三対一で終えた。

続くトルコ戦。四年前のロンドンでも一次リーグ二戦目で対戦し、圧勝した相手である。この日も完封し、二対〇で勝利。リカルディーニョの先制点に加え、彼の突破で受けたファウルから、カッシーオがＰＫを決めた。一次リーグ最後のイラン戦、既に決勝トーナメント進出を決めているブラジルは、リカルディーニョを温存。ジェフィーニョ、ノナトを中心にゴールに迫るが、イランのゴールキーパー、メイサムが立ちはだかった。後半一七分にはリカルディーニョが途中出場するも攻めきれず、ブラジルが打った一五本のシュートの内、九本の枠内シュートは全てはね返され、スコアレスドローに終わった。

この後、イランとは決勝で再び相まみえるが、その前の中国との準決勝でブラジルの真価が問われることになる。前半七分。カッシーオのサイドチェンジからドリブル突破を図ろうとしたリカルディーニョが相手ディフェンダーと正面衝突、左こめかみから流血し、倒れた。集まるチームメイト。深刻な面持ちで水を口に含む監督のファビオ。観衆も不安げな表情で見つめる。リカルディーニョはそのまま担架で運ばれ、四針を縫う裂傷を負った。リカルディーニョを欠いた状態で迎えた一四分。北京大会でもゴールを奪われたワンにセットプレーからリードを許してしまう。更衣室で治療を受けるリカルディーニョは、失点を知り激怒した。再び訪れた窮地であった。

「勿論、リカルドが足を骨折しなければ良かったのですが、彼が不在の間に他の選手が台頭しました。彼に頼りすぎている選手もいましたが、自分たちで試合を決める自信をつけた。チームは成長しました」（ファビオ）

ゴールキーパーのルアン、ディフェンダーのカッシーオ、ダミアン、ドゥンボ、フォワードのジェフィーニョ、ノナト、チアゴ、フェリペ、そして控えゴールキーパーのヴィニシウス。リカルディーニョ以外の代表メンバー全員が、大会前のファビオの言葉を体現しようとしていた。

得点を許してから約六分後。ジェフィーニョが中国のフィールドプレイヤー全員に囲まれながらもこれを振り切り、同点に追いつく。後半開始五分には、カッシーオとダミアンのディフェンスで発生したルーズボールを拾い、ジェフィーニョがミドルシュートで追加点を奪った。

　治療を終えたリカルディーニョは、黒いスイミングキャップを被って患部を保護し、一時ピッチに復帰したが、ブラジルは、ほぼ彼以外のメンバーで試合を作り、勝負を決めた。四大会連続での決勝進出である。

　決勝の相手は、一次リーグでブラジルを完封したイラン。準決勝では強豪アルゼンチンを打ち破った。ブラジルにとってみれば、イランのゴールキーパーのメイサムの攻略が勝敗の鍵を握っていた。今大会、誰もイランのゴールをこじ開けることができていない。前半九分、リカルディーニョがフリーキックをもぎ取る。ゴールから約六メートル。ペナルティエリア直前の絶好の位置で得たチャンス。ジェフィーニョのボールタッチからすぐさまリカルディーニョがボールをホールドし、シュートを放つも、メイサムが弾き返す。この難攻不落の壁を打ち崩せなければ、ブラジルの四連覇はない。リカルディーニョは頭脳をフル回転させ、虎視眈々とイラン陣営の穴を探っていた。

　その瞬間が訪れたのは、約三分後だった。ジェフィーニョからのパスを受けたリカルディーニョは、一度中央にドリブルし、イランのディフェンダーを引きつけると、反転して左サイドを緩急をつけて駆け上がった。コーラー、ルイスの「エオ！　シュート！」という声が響くと、右足を蹴り上げた。トゥキックから放たれたボールは、メイサムの股を抜き、ゴールに吸い込まれた。技ありの先制ゴールであった。真っ先にルイスが駆け寄り、リカルディーニョと肩を組んで走る。観客はスタンディングオベーションで讃え、反対に、メイサムは信じられないという様子で芝生に突っ伏した。スタンドで見守っていたフィアンセのマリアナ、AGAFUCの監督アストラダは、こみ上げてくる感情を抑えることができなかった。

満身創痍の中、大一番で着実に役割を全うする。ブラジル代表の一〇番でキャプテン、リカルディーニョが決めたワンゴールは、人々の感情を揺さぶり、怒号のようになって、リオのピッチを揺るがせた。

固唾をのんで見つめる観客に囲まれて、最後までリカルディーニョの一点を死守したブラジル代表の面々は、パラリンピック四連覇達成のホイッスルを聞いた。

## 完璧なストーリー

リオパラリンピック決勝戦と閉会式の翌日、リカルディーニョは『WHO I AM』取材班の単独インタビューに応えた。時々、ギターを弾きながら。

少々長くなるが、ここに記す。

「チームのキャプテンを務められて、本当に幸せだった。金メダルを獲って終えることができて、少しはめを外すことができたよ。昨日はまさにお祭りだった。女の子たちも、カッコいいと思ってくれたようだね。家族もとても喜んでくれていた。毎日、サプライズだらけだった。ストーリーはドラマチックで、とても良い話で終わろうとしている。なんというか、完璧なストーリーだね。神様は僕らに、僕たちのチームは良かったし、僕も最後にゴールを決める機会に恵まれた。現に、再度金メダルを獲らせることを選んだんだ。とはいえ、もう既に次の試合への始まりだと認識しているよ。自分は、まだ選手としては若いから、二〇二〇年もブラジル代表でプレーしたい。もっとブラジルのスポーツ界のために、やっていけると思う。歴史に残る選手として、名前を刻めると思う。今一度言いたいのは、社会に対しても、人々に対しても、何かに貢献できることは本当に幸せだということ。子供たちにとっての模範となっていれば良いよね。全ての人が人間としてより良く生きることにチャレンジしないといけない。僕が子供たちに言いたいのは、夢を信じよう、ということだ。なぜかというと、僕がそうだったから。何が自分にとってより良いのかをいつも模索する。信じることを怖がってはいけない。僕自身が、その証人だから。恐怖感は、人間が生きていく上で障がいになる。目標を定め、頑張ること、神様を信じ託すこと、そして、決して屈しないこと。それが大切なんだ」

# エピローグ

リオでの激闘を終えたブラジル代表のメンバーたちは、一度解散し、それぞれの日常にかえった。リカルディーニョも同様に、ポルト・アレグレで両親との平穏な暮らしに戻り、次の試合へ向けてトレーニングに励む。「陽気な港」という意味を持つこの都市は、故郷のオソリオと比べて慌ただしく、近年の治安悪化もリカルディーニョにとっては悩みの種でもある。遠征で世界中を回るリカルディーニョは、自宅で家族や愛犬と過ごしたり、楽器を弾いたりすることが、専ら、余暇の楽しみ方である。

「良い音楽は人をリラックスさせ、幸せにする。スポーツが一番好きだけど、最近は時間ができれば、サッカーとは違うことをしてゆっくり過ごすことにしている。一人で考えごとをしながら、ギターを弾くのが好きなんだ」

『WHO I AM』取材班のディレクター、中島がリカルディーニョと打ち解けるきっかけも音楽だった。ソロとセッションの違いはあれど、音楽はリカルディーニョの心を和ませ、時に高揚させる拠り所でもあるというわけだ。日常に戻ったセレソンの一〇番は、自分の時間を大切にし、英気を養う。

一つの情景がある。

リカルディーニョのポルト・アレグレの自宅の近所に、彼行きつけのレストランがある。ビュッフェ形式のその店にリカルディーニョが来店すると、すかさず店のスタッフが近寄り、料理の説明をしながら皿に取り分けるのを手伝う。土曜日は、ブラジルの家庭料理である「パステウ」という、薄い生地でひき肉やチーズ、チキンを包んだパイが食べ放題。リカルディーニョの大好物でもある。ロケ地から近いという理由で、『ＷＨＯ　Ｉ　ＡＭ』取材班もそこでリカルディーニョと共にランチをとる機会があった。

店主の息子であるジオヴァニは、リカルディーニョの幼馴染みだった。リカルディーニョが恩師であるドドーと出会ったサンタルズィア校は障がい者と健常者が共に学ぶインクルージョン教育を実施する学校でもあったため、ジオヴァニは一〇歳頃にリカルディーニョと知り合った。当時、既に失明していたリカルディーニョは、先述の通り、父セリオが持ち帰ったレジ袋でボールを包み、蹴ると音が鳴る状態にして、サッカーを楽しんでいた。ジオヴァニが回想する。「目が不自由でもサッカーは上手いし、ビニール袋を常にポケットに入れている姿が、皆とすぐに打ち解けることができた理由の一つだったと思います」

リカルディーニョと知り合ったジオヴァニは、大学の体育学部を経て、大学院で障がいのある者とない者が共に学ぶインクルージョン教育を専攻した。その後、リオにある教育機関『Instituto Benjamin Constant』の専門コース『視覚障がい者とバリアフリー』でさらに専門性を磨き、大学院を卒業し母校のサンタルズィア校に体育教師として赴任。二〇一六年の一二月まで勤務した。リオパラリンピックでは、選手として臨んだリカルディーニョに対して、ボランティアスタッフとして運営に従事したという。ジオヴァニは話す。

「リカルドは選手になってからも、ケガや厳しい状況を乗り越えた。その逞しさは素晴らしいと思います。今の仕事を選んだのは、母校、そして、リカルディーニョと出会ったおかげです。健常者が見えていないものを、視覚障がい者は、心で見ていると信じています」

ドドーの存在がリカルディーニョの道を開き、リカルディーニョと出会ったジオヴァニが、ドドーと同じ職業を選んだ。ジオヴァニもいつか、リカルディーニョのような世界最高のブラインドフットボーラーを見出し、歳を重ねた時に、

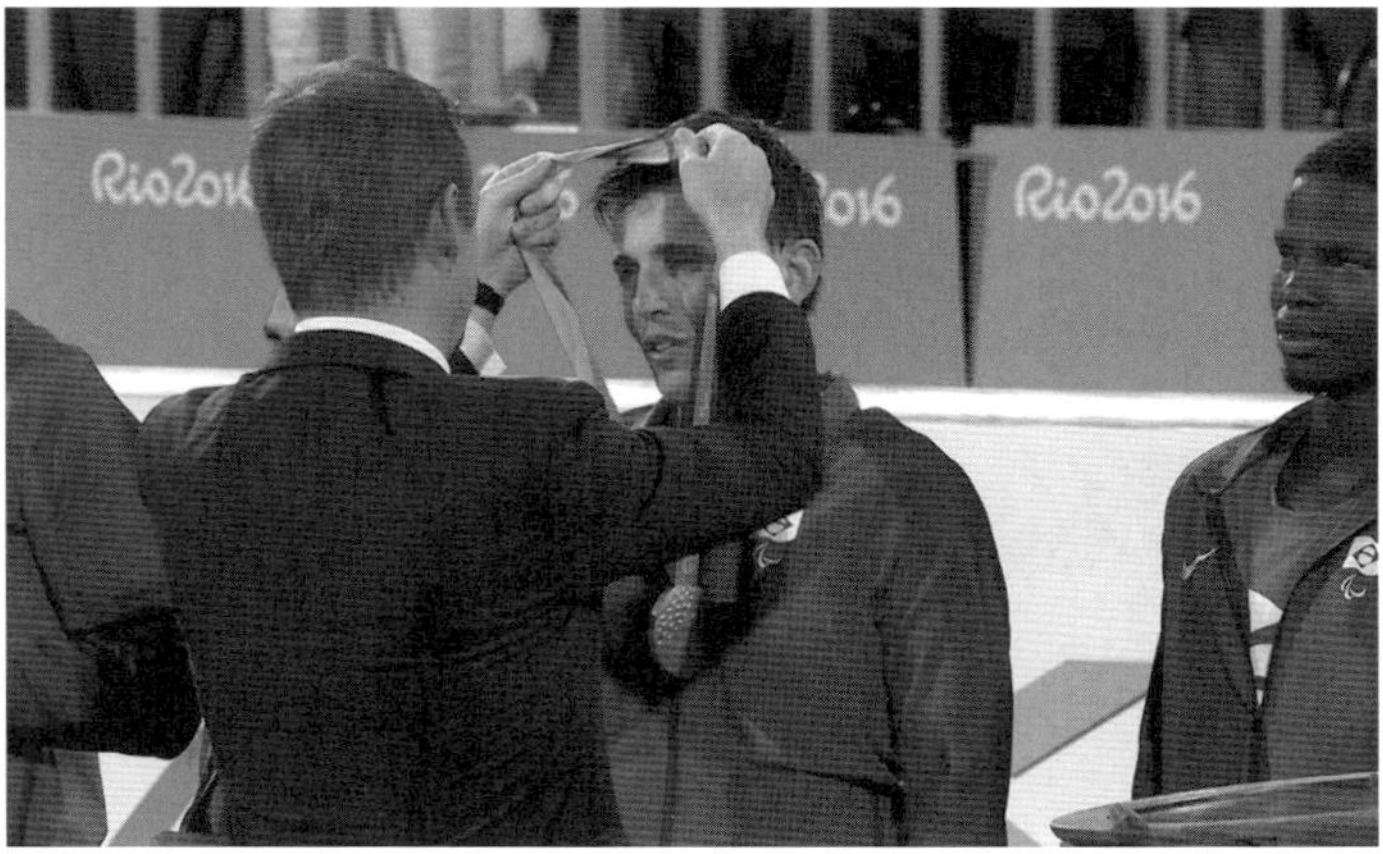

昔を懐かしむ日が来るのかもしれない。

リカルディーニョは、こんな言葉を残している。

「人にはそれぞれの生き方がある。でも多くの場合、勝利の精神や感謝の心をもつ人は、何らかの形で大きな困難を経験した人だと思う。人は何かを失った時に、どれだけ大切だったか気づくから。僕にとって困難は、ただ乗り越えるためにあるんだ」

サッカー王国、盲目の一〇番は、いかなる時も屈することはなかった。アスリートとして、そして一人の人間としての思いは、どんな障がいをも超えていく。

リカルディーニョ
本名リカルド・アウヴェス。サッカー選手に憧れていた少年は、6歳のときに網膜剝離を発症し、8歳で失明してしまう。ブラインドサッカーと出会うと、その才能を一気に開花させる。2004年アテネパラリンピックから正式種目となった後、常に金メダルを獲得してきたサッカー王国の「盲目の10番&キャプテン」。

# 第五章

【ベアトリーチェ・ヴィオ】

## 「私は、ただのいい子じゃないのよ」

——“四肢の無い世界唯一のフェンサー”は、最強の不死鳥になった

文　八木由希乃

太田雄貴氏インタビュー　木村元彦

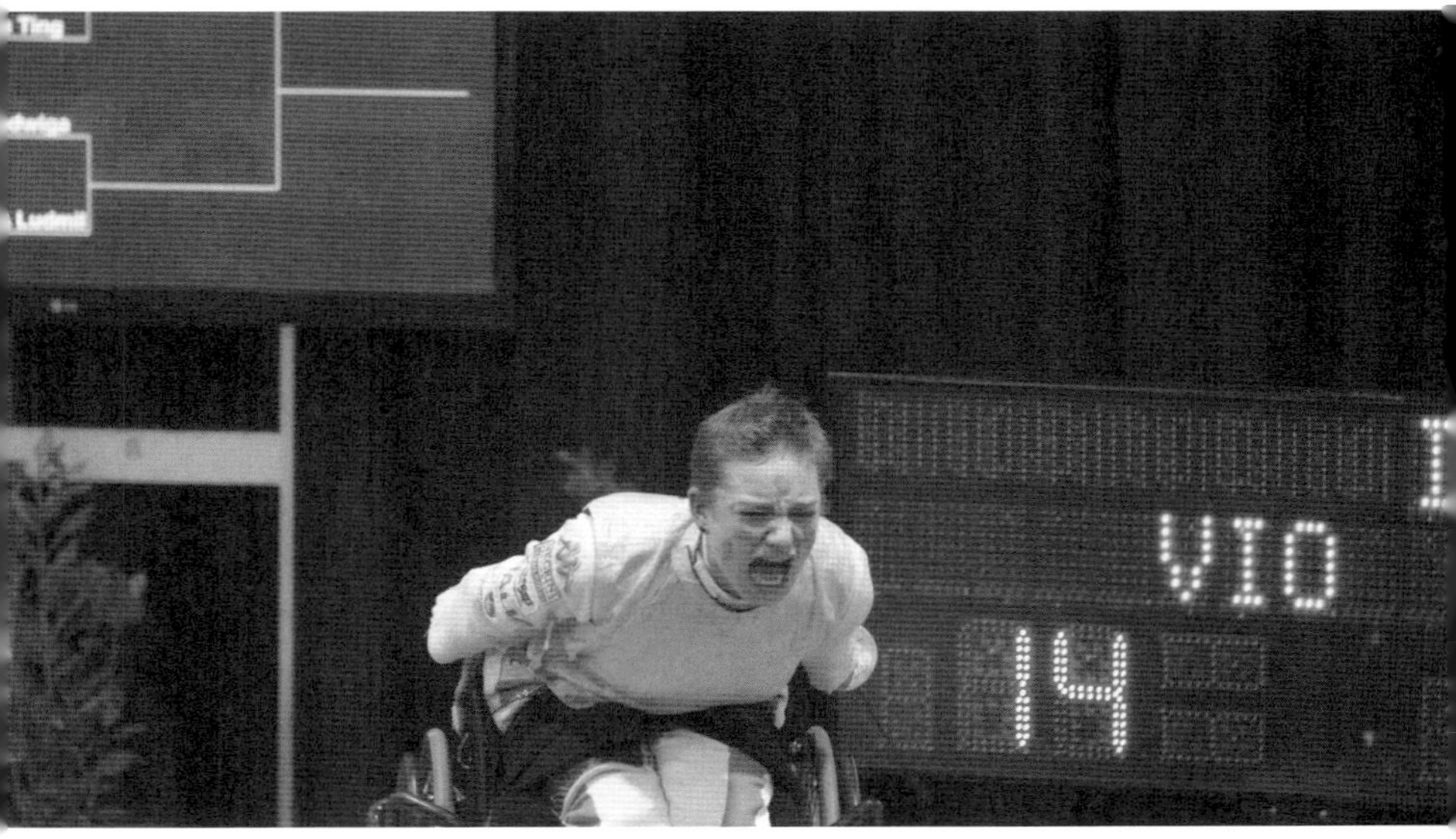

現在、日本フェンシング協会の会長を務める太田雄貴《おおたゆうき》は、北京オリンピックで日本人初のメダリストとなった人物である。続くロンドン大会・フルーレの団体戦においても日本史上初となる銀メダル獲得の原動力となり、二〇一五年にモスクワで行われた世界選手権では個人戦でついに頂点に立った。世界チャンピオンとなり、競技の知名度を一気に押し上げた日本フェンシング界のレジェンドが、実際に戦い、驚愕した女性剣士がいる。

「彼女は、縦の軸を大きく使い、まるでミシンを縫うように速く正確に攻めてくる。僕の場合、試合の時に相手が強いかどうかは、たいてい構えの姿勢で分かるんですが、向き合った時の雰囲気からして違いましたね。足による支えがないにもかかわらず、余計な動きや軸のブレが一切ないんです。それだけでも賞賛に値します。今の健常者の女子の日本代表でさえも車いすに座って戦って、彼女に勝てる人は一人もいないんじゃないかな」

彼女とは、パラリンピック・フェンシングイタリア代表選手、ベアトリーチェ・ヴィオ（以下、愛称べべ）のことだ。現在、両手両足の無いフェンサーは、世界中を探してもべべただ一人である。

べべと太田は、二〇一七年一一月、東京ソラマチにて行われた「東京二〇二〇パラリンピック一〇〇〇日前イベント」のために剣を交えている。エキシビションマッチという形ではあるが、太田は車いすフェンシングを初めて体験し、べべの強さに驚きを禁じ得なかった。太田はこのときのべべの勝負に対する執念、そして喜怒哀楽を爆発させるかのようにはっきりと表す性格に感銘さえ受けている。

べべは二〇一六年のリオパラリンピックに彗星のように現れると、初出場で金メダル（個人フルーレカテゴリーB）を獲得した。女子団体戦においても、三位決定戦で強豪・香港を相手に逆転の立役者となり、銅メダルをもたらした。同年秋に行われたワールドカップでも優勝を果たしている。

## 三つの「S」

べべは、イタリア国内北東部に位置する緑豊かなモリアノ・ベネトで父、母、兄、妹に囲まれ育った。家族は、ほぼ全員がアスリートというスポーツ一家であった。そんな環境ゆえに三歳になった頃、まず両親は体操を習わせた。

競技会を前にしてべべはコーチに言った。

「誰が勝つの？」。幼児のクラスはまだ練習成果の発表会だった。

「誰も勝たないよ。見せるだけ」

「そっか、私に体操は向いていないわ」

四歳で体操を辞めてしまった。

次に始めたのはバレーボールだった。基礎練習の日々が続いたある日のこと、淡々と壁にボールを当て続けるメニューにべべは嫌気がさして練習場を飛び出した。気がつけば、普段は通らない道にいた。ふと周りを見渡した目線の向こうに、フェンシングのジムがあった。剣のぶつかり合う音に惹かれ、そっと開けた扉の向こうでは「怪傑ゾロ」（マッカレーの小説に登場する覆面をつけた正義の剣士）の練習が行われていた。ちょこんと佇み、熱い眼差しを向ける少女に、マスクをつけた〝ゾロ〟が声をかけた。

「やってみるかい？」

べべの小さな胸が高鳴った。五歳の少女は、フェンシングに恋をした。見せるだけの〝発表会〟では事足りず、前へ前へと突き進むフェンシングに惹かれたのである。

べべには、子供時代に情熱を捧げていた三つの「S」があった。「Scuola（学校）」「Scoutismo（ボーイ&ガールスカウト）」、そして「Scherma（フェンシング）」だ。

「好き」という気持ちは何にも勝るエネルギーである。それに没頭し、体得できる素質が彼女にはあった。そして、倒すか、倒されるか、食うか、食われるか、戦う者として勝ち負けをあいまいにしたくないという気質は幼いときからであった。

日本フェンシング協会が初めてプロのコーチとして契約し、北京、ロンドンの両五輪で大きな結果をもたらしたウクライナ出身の名将オレグ・マツェイチュクは「『勝つ意識』こそが勝負に大きく影響する」と語っている。フィジカルや技術は、選手の素質やコーチの手腕さえあれば、適切なトレーニングを行うことで確実に上向いてゆく。しかし、メンタルを簡単に変えることは難しいという。追い詰められた局面で自分を奮い立たせることができるのは、本気で「勝ちたい」「負けたくない」と思えるかどうか。「好き」と「勝ちたい」という気持ち。一流アスリートに欠かせない両方の資質をベベは五歳のときからすでに備えていた。本格的にフェンシングを始めたベベはやがて、イタリアにおけるジュニアの大会では国内トップ5に入るまでの実力を身につけていった。

## 疑わない者の強さ

誰もが明るい未来を描いていた。しかし、一一歳のときにそれを突如一変させる病魔が襲う。血液を通るウイルス、髄膜炎菌による髄膜炎だった。髄膜炎菌が粘膜から体内に入り、血液や髄液などへ侵入すると菌血症や敗血症、細菌性髄膜炎などの病気を引き起こし死に至る。初期症状は、発熱や頭痛、嘔吐など風邪の症状に似ているため、早期診断が困難な病気ともいわれる。ベベが、まさにそうだった。発症当時、妹のマリアは風邪を引いており、ベベも似たような症状を訴えていた。

「二人〝仲良く〟、風邪をこじらせたのだろう」

姉妹が同じ寝室だったこともあり、この時ベベの体の中で重篤な病気が進行しているとは、母テレサも想像だにしていなかった。しかし、ベベの熱は数日経っても引かなかった。

髄膜炎菌による髄膜炎の病状は、ほかの細菌による髄膜炎と比べて急激に進行する。本来であれば、二時間以内に抗生物質を飲まなければ生命の危険に陥るという強烈なバクテリアであった。医師の診断を受けて処方された時には、すでに菌は血液を通って体のあちこちを破壊していたのだ。当時、イタリア国内での症例は少なく情報を得ることは困難を極めた。それには、発症してからの進行の速さと、生存率の低さ、といった病気の特性が大いに関係している。抗生物質を投与することで一旦は落ち着いたように見えても、それによって引き起こされた感染症は、べべの体内で進行中だった。持ち直したと思ったら、翌日にはかすかな期待を捨てなくてはならなかった。テレサは心の休む暇さえなく、張り裂けそうな不安でいっぱいだった。そんな状態が一ヵ月も続いた。「ただの瞬間ではなく毎日が恐ろしい。そんな日々でした」

担当医師は言葉を絞り出した。

「九七%の確率でこの子は助からない」

「……どうしたら良いのですか？」

「命のためには、両腕を切断するしかありません」

両親は、言葉を失った。

それでも、べべと両親は残された三%に賭けた。生きるための唯一の選択肢として、両手の切断を決断したのだ。

夜を徹して行われる長時間の手術を受けるにあたって、テレサは医師から自宅に帰って休むように言われた。「目を閉じると電話が鳴っている気がして何度も確認してしまう。電話が鳴るということは、べべが亡くなったということだから。私は眠れなかった」

腕の手術の後、無事に熱が下がりそのまま落ち着くと思われた。その矢先、

「今度は足も」

そう医師に告げられた。まるで、光の届かない長いトンネルに葬られたかのようだった。手術は成功し、三ヵ月もの間を病室で過ごした。一命をとりとめ、退院はしたが、一一歳で四肢を失った少女の労苦は想像に難くない。テレサは、当時こんなことを口にした。

「私たちの人生において、もう笑うということはないでしょう。そう主人に伝えました」

べべの妹マリアは、その頃まだ六歳だった。母親の愛情を一身に浴びたいと願うのも無理もない年齢だ。テレサも、三人の子供たちに目一杯の愛情を注ぎたかった。だからこそ、子供たちの前では笑顔でいようと自分を奮い立たせた。必死だった。

しかし、家族の中で、誰よりもべべは前を向いていた。生きること、そして毎日の生活をこなすだけで精一杯になっても仕方のない状況の中で、彼女は自分の気持ちを伝えた。

「私、フェンシングがしたい」

周囲は困惑した。

「これまでそんなことをやった人はいないよ」

「両足、両手がなくてどうやって戦うの？」

少女は切り返す。

「でも、それは不可能ってことじゃない」

娘の気持ちを尊重し、一番近くで支える両親とて、大きな不安や葛藤があった。義手をつけて剣を持つことで、切断箇所に傷ができたら？　動きの激しいフェンシングをやらせることで、身体に余計な負担がかかるのでは？

高いレベルでスポーツをしていた人間が、事故やケガで障がいを負った場合、健常者の時と同じ競技を選ぶとは限らない。体得してきたスキルや感覚は残っているかもしれないが、それまでできていたことが「できない」ことの挫折感や喪失感が、輪をかけて大きくなるからだ。しかし、べべにとってはフェンシングのない人生こそが、〝悲劇〟だった。

「手と足はなくなったけど、また剣を持ちたい」

想いに、両親は応えた。

「分かった。やってみてから、考えよう」

べべは車いすに乗り、義手を身につけ再び剣を持った。道具は、四肢の無いフェンサー、べべのための特注品だ。

そこから、トレーニングが始まった。そしてわずか一年のリハビリで、車いすフェンサーとして競技に復帰したのだ。父ルジェロいわく、「フェンシングに戻ることを含め、娘はいつも自分自身と未来を信じていた」。

自分を疑うことの無い者の何と強いことか。やがて父の言葉は「べべは恐怖も困難を乗り越える力に変えたのです」に変わっていく。

## 体幹を駆使した独自のスタイル

二〇一〇年、〝四肢のない世界で唯一の選手〟として、ボローニャで行われた公式戦でデビューを果たすと、翌年にはU-21のイタリアチャンピオンに輝いた。二〇一二年のロンドンパラリンピック時においては、一五歳という年齢が「まだ早い」という周囲の判断により大会出場を見送りながらも、すでに有力選手として注目され始めていた彼女は、聖火ランナーという大役を担っている。

二〇一三年、カナダのモントリオールで行われた世界選手権ではロンドンパラ銅メダリストの選手を制して優勝。快進撃は続く。翌年のヨーロッパ選手権では、個人とチームで金メダルを獲得し、まさに〝女王〟の栄冠を手にしたのだ。二〇一五年、ハンガリーのエゲルで行われた世界選手権を制覇し、この年の出場全試合で無敗を記録した。

WOWOW制作チームも、この頃すでにべべに注目をしていた。『WHO I AM』シリーズの企画段階から、スタッフは様々な国や競技における個人や団体での成績や試合映像を入念にチェックしていた。チーフプロデューサーの太田慎也はYouTubeの動画を見ていく中で、ひときわ技にキレのある車いすフェンサーの姿が目に飛びこんできた。「笑顔はチャーミングだし、試合している姿はとにかくかっこいい。それが、べべでした。試合以外の映像を見てみても腕と足がないことをむしろ個性にして、ものすごくポジティブなオーラで人前に出ている。衝撃的でしたね」

フェンシングは、両腕、頭部を除いた胴体のみが有効面の「フルーレ」、頭からつま先までの全身が有効面となる「エペ」、そして、両腕、頭部を含む上半身が有効面であり、その有効面を突くか斬ることによってポイントとなる「サーブル」の三種目に分かれる。べべは、胴体への攻撃のみ有効なフルーレの選手である。車いすフェンシングでは、ピストという競技台に車

輪を固定し、相手との角度が一一〇度になるように向き合って戦う。マスクやユニフォーム、剣などの道具は、健常者の行うフェンシングと同じである。ただし、フットワークの動きができない分、至近距離での戦いとなる。相手との距離が一定ゆえ、剣さばきのテクニックと上半身の速い動きがより勝負の要となってくる。試合では、剣を持って向かい合い、先に腕を伸ばして剣先を相手に向けた方に「優先権」が発生する。この優先権をもって初めて、剣で相手の有効面を突いた時にポイントとなる。一方、相手に剣をはらわれたり、逃げ切られたりすると優先権は消滅し、今度は相手に優先権が移行する。スピード感のある試合の中で、攻撃と防御、反撃が繰り返される技の応酬こそ、フェンシングの醍醐味だ。

日本人選手に目を向けると、相手の攻撃を防御したり、わざと打たせてカウンターで得点する戦術を得意とするスタイルが多い。これは、海外選手との身長差を埋めるための一つの戦術でもある。べべは、というと、積極的な攻撃で圧倒的な突破力を持つ。鍛え上げた体幹をこれでもかと駆使し、思い切った前傾姿勢から攻撃を畳み掛けるのだ。また、二本の足で立つ健常者のフェンシングの場合、地面への踏み込みや踏ん張りを攻撃のパワーへと変えることができる。しかし、車いすフェンシングはそれができない。上半身の力だけで、素早く的確な攻撃を行うのは容易ではない。

べべのなかに、一一歳まで健常者としてフェンシングをプレーしていた経験や感覚が残っているのは大きいはずだ。しかし、車いすフェンシングに転身した当初は、その感覚のズレに直面していたに違いない。健常者の行うフェンシングでは、前後の動きができる分、相手との距離が一五〇センチほど開くこともある。それが車いすになると、八〇センチ、九〇センチと相手との距離がぐっと縮まるのだ。最初はつまずきとなったであろう、その「距離感」をべべは逆に強みへと昇華させた。

「フェンシングの試合では、相手の剣を避けるために『手を引く』という動きを多用します。その際多くは、横方向への動きになります。手首を使った、細やかな動きができるからです。フェンシングのみならず、スポーツ全般に言えることですが、関節があることによって、より動きの正確性を高めることができます。寿司職人でも手首のスナップがあるから、やわらかなネタを美しく握るといった繊細な動きができる。これがもし手首の関節がなかったら、肩と肘とだけで握らなくてはならなくてごつごつしたものになってしまう。フェンシングも末端の関節がコントロールできることで、より細やかで相手に悟られないようなモーションが生まれるのです」(太田雄貴)

しかし、べべの場合は、肘関節から先は義手である。よって手首のスナップを利かせた横方向への動きは不可能だ。

「べべはその分、縦の動きをうまく使うことで、そこを補っている印象です。この縦軸に加えて、手の先が使えないことを逆にアドバンテージとして、最短距離で攻撃に入ります。

相手が攻撃を仕掛ける前に、先に攻撃を仕掛ける。その証拠に、前傾姿勢が多いです。前に身体を倒し切ってくるんです。これは、相手からするとものすごく突きづらい」（太田雄貴）

しかし、試合中に常に身体を前に倒して戦うというのは、誰もができるわけではない。

「それができるのは、べべの体幹の強さによるものです。縦軸と、最短距離によって生まれるスピード。正直、よくここまで磨き上げたな、と驚きました。彼女の剣はまるで、切れ味の良いカミソリのようです。彼女にしかできない、シャープなフェンシングスタイルを確立していますね」（太田雄貴）

## 会場全体に響き渡った勝利の雄叫び

迎えた二〇一六年のリオパラリンピック。これがパラ初出場であったべべに、WOWOWチームは九月、試合会場での直談判を試みた。プロデューサーながら通訳も務める泉理絵は、リオに飛んだ。

「ここしかないと思って、試合の始まる直前、べべと両親に『「WHO I AM シーズン2」を来年やるので、ぜひ撮らせて欲しい』と想いを伝えました」（泉）

この時、試合開始の一五分前だった。緊張と高揚感が混じり合った空気の中にあって、父ルジェロの反応は悪いものではなかった。

「とにかく、今、娘は毎日が忙しいんだ。改めて連絡するよ」

手応えを感じつつ、両親とは笑顔で別れた。

実は、大会の直前にベベは利き腕に怪我を負っていた。そのため、義手を装着することができず、本番の三日前まで練習をすることができなかった。練習復帰は実戦の二日前。イタリア国内のメディアは、大会前から連日ベベに密着し、注目度は最高潮に達していた。本人は練習不足への焦りと周囲からのしかかるメダルへの大きな期待に、これまでにないほどのストレスを抱えていた。トレーニングを再開しながらも監督や練習パートナーに向かって怒っていた。試合前日もいつもならば負荷を軽くするのだが、このときはジムに行ってさらに追い込んだ。

しかし、試合が始まると自らに集中した。初戦から、不安も緊張もすべて力へと変えた。準決勝まで勝ち進んだベベの相手は、前回パラリンピック金メダリストの中国のヤオ。ベベは、経験もテクニックも自分よりも優るディフェンディングチャンピオンに、前へ前へと攻めまくった。力強く、正確に有効面を突いていく。気が付けば一五対一で圧勝していた。会場には、大きな歓声が響き渡っていた。

「ベベが勝ち進むごとに、観客の空気が変わっていったんです。複数あるコートの中で、会場中の視線をベベが完全に独り占めしていましたね」（ＷＯＷＯＷ太田）

何よりもその熱量が周囲を圧倒した。実況のアナウンサーはベベの試合ぶりを見てこんなふうに叫んだ。「御覧下さい。勝利に向かって一九歳とは思えない執念です！」

決勝戦においても、ベベの勢いは止まらなかった。この大舞台で、集中力とスピードが一層冴えていた。瞬間的に相手の動きを読み、最速で攻撃を仕掛けてゆく。前後に大きく上体を動かしても、腕はコンパクトかつ無駄のない動きを保っていた。剣は、素早く弧を描く。上半身から大きく前進し、飛び込むようにして突きを仕掛ける。そこには、一瞬たりとも迷いはなかった。一五対七での大勝だった。その瞬間、ベベはマスクを床に投げ捨て、大声で咆哮した。肘から先、ユニフォームの袖が大きく揺れた。目からは涙がとめどなくこぼれ落ちていた。パラリンピック初出場で〝世界最強〟を見せつけたのだ。「攻撃は最大の防御である」。この言葉はまるでベベのために用意されたものであるかのようだった。勝利によって、ようやくベベは解放された。

個人戦の二日後に行われた団体三位決定戦の相手は、中国、ハンガリーと並ぶ強豪・香港だった。ここでベベはチームの最後の砦として、二点ビハインドの状況で登場した。相手はユウ、個人カテゴリーAの銀メダリストだった。それでもたじろぐことはなかった。個人戦の疲れを一切見せない。それどころか、相手の剣を払う防御から攻撃までのスピードもパワーもさらに加速していた。途中、四点差まで引き離されたが、それでも食らいつき、這い上がった。ポイントを取り消された機械トラブルには激怒の表情を隠そうともしなかった。コンパクトに振りかぶり、突きを決めてゆく。一点、また一点と点を重ね、ついに逆転。四五対四四という死闘を制した。刹那、ピストがガタガタと音を立てるほどに、全身で喜びを爆発させた。マスクを投げ捨て顔をくしゃくしゃにすると、会場全体に響き渡る勝利の雄叫びをあげた。イタリア女子団体においては、九六年のアトランタパラリンピック以来のメダル獲得だった。

## ただのいい子じゃないの!

同年一一月には、ワールドカップが開かれた。フェンシング界の新星は、追われる立場となった。注目されるがゆえの、こんな出来事があった。

「(体幹の利く)ヴィオが、カテゴリーBに属しているのはおかしい」

試合前、ロシアの代表チームが公然とべべにクレームをつけたのだ。

車いすフェンシングでは、障がいの程度によりAとBにカテゴリー分けをされる。利き腕に障がいのあるべべは、Aよりも重度の選手とされるBに属する。クラシフィケーションによるカテゴリーBは、利き手は使えるが下腹部より下に重い障がいのある選手も多い。一方べべは、体幹は機能するが両手のないフェンサーである。定義で言えば、Aは腹筋・背筋の機能があって自力で体勢を維持できる者、Bは腹筋・背筋の機能が無くて自力で体勢を維持できない者となる。よって、AとBのカテゴリー分けでべべはどちらに属するか、という議論がしばしば起こる。「体幹が利くということに対して、フェアではないじゃないか！　と、カテゴリーBの選手から声が挙がることもあると聞きます」（WOWOW太田）

Bに所属がなされたのは、両手両足とも切断しており、義手であるがゆえに腕で車いすを支えることもできない、ということがハンディキャップになるとされてきたからである。しかし、逆の見方もあるのだ。

ロシアとの決勝戦。一九歳でニューヒロインとなったべべを一目見ようと、観客の数もリオパラ以前とは比にならないほど増えていた。べべはここでも、一連の動作を瞬時に組み立てるアグレッシブな攻撃スタイルを見せつけた。一瞬の相手の隙を突いて勝利を繋いだ。優勝が決まった直後、叫び倒した。地鳴りのような、腹の底からの怒号だった。

べべが顔を向けて叫んでいた相手は、クレームをつけたロシアチームの陣営だった。「『見たか！　この野郎！』という感じです。試合後、取材班にさらりと『私は、ただのいい子じゃないのよ』と言い残して去って行ったそうです」（WOWOW太田）

クラシフィケーションに関しては、A、Bというその線引きが複雑で難しい。ロシア側のクレームも、べべの強さがあってこそのはずだ。両足に加え、両腕とも欠損しているという事実がまずある。〝体幹が利く〟のは、それほどまでに鍛えあげた努力の結果によるものだ。義手による剣の扱い方もまた激しい鍛錬の賜物である。こうした、耳に入ってくる〝雑音〟に彼女は一憂するどころか、結果で振り払ってゆく。

## 出演は難しい

この頃、当初は順調かと思われたべべの『ＷＨＯ　Ｉ　ＡＭ』出演交渉は、暗礁に乗り上げていた。パラリンピックが閉幕し、二〇一六年の末にかけて両親と連絡を取ってはいたものの、はっきりしない返事が続いていた。それでもメールのやり取りを続け、撮影の詳細を記した書類の送付までなんとか漕ぎつけたところで、状況が一変した。

「もう絶対に大丈夫。べべを撮れる」

スタッフの誰もが信じて疑わなかった二〇一七年二月、ルジェロからそれをひっくり返す一通のメールが届いた。

――（出演は）難しいかもしれない。申し訳ない。

同時に、まったく想定をしていない高額なギャランティを提示された。

チーフプロデューサーの太田は、頭の中が真っ白になった。ここで制作プロデューサーを務めていた大野丈晴が大きな一言を放つ。

「太田さん、ここは態度見せるところじゃないですか？」

太田は反応した。

「シーズン2に、べべがいないのは考えられなかった。すぐさま、べべのお父さんに『今週末、そちらに行きます！』と連絡をしました」

この二日後、大野、太田、泉の三人はイタリアに飛び立った。もし、交渉決裂となればここまで築いたものすべてが無駄となる。緊張の中、べべの家へと向かった。

予想に反して、到着した三人を迎えたルジェロの表情は柔らかかった。笑みを浮かべながら切り出した。

「あらためて謝ろう。リオの後から、娘は本当に多忙を極めて余裕がなかった。君たちにあの金額を言ったら、もう諦めると思ったのだ。諦めるどころか、ここまで来てしまったじゃないか（笑）。お金のことはもう言わないし、君たちの熱意も、考えていることも伝わった。ぜひ進めよう」

制作チームの情熱がこじ開けた、最高の結果だった。

金メダリストとなった直後から確かにべべを取り巻く環境は大きく変わった。化粧品の広告モデルからテレビコマーシャル、講演会など各地を飛び回る多忙な日々が待っていた。実際、WOWOWの撮影クルーが入った時、べべのスケジュールは一年先まで埋まっていた状態だという。それでも、会ってみるとべべは落ち着いていた。

「有名になることには興味はない。今、居心地が悪いのは、皆が私を導師のように見ることね。皆、悩みや問題を相談してくる。難病を乗り越えたからまるで何でも解決できるかのように。でも私はまだ二〇歳、人の問題なんて解決できないわ」

フェンシングの魅力を最初にこう言語化した。

「勝ちたい気持ちと、負けを受け入れる気持ち。フェンシングは人生と似ている。試合は人生を表している」

一躍、時の人となったべべをテレサは、彼女が地に足をつけていけるようにと注意を払う。「足がないのに〝地に足を〟、なんていうのも変な話なんですけどね」

家族の中に入るとその会話の中で、べべが行動することを名詞化した［bebata（べバタ）］という造語がしばしば聞こえる。〝bebata〟は、べべが行うことのすべて。

## フェイントをする意味がわからない

bebataを追うロケが始まった。

撮影クルーがイタリアでの取材を開始した頃のことだ。現地から、日本で待つWOWOWチームへ届いた第一声は、

「体幹やばいっす」

何気ないストレッチシーンを見るだけでも、その高い身体性が見て取れる。車いすに座り、思い切り前傾した後、一八〇度かと見紛うほどに後傾し、元に戻る。

「前はまだしも、後ろにあれだけ倒れることは健常者でもかなり負担ですよね。それをあんなになめらかにやってのける。しなやかな動きに圧倒されました。義手だって三〜四キロの重さでそれも毎日使っているから、上腕の筋肉が凄い」（中島悠ディレクター）。中島はベルリン在住のフリーの映像作家（当時）だ。中島の作家性と気質が撮影対象のべべにフィットした。

「オファーがパラじゃなくてオリだったら、この仕事を受けなかったかも。オリンピックは政治的、金銭的な問題などに世間の目が行ってしまうことも少なくないですしね。ベルリンでは、パラリンピックはクールという印象。周りの仲間に、今度、パラを撮るよと言ったら、『いいね』って言われました。マイノリティに興味があったんだと思う。ベルリンに行ったら自分もマイノリティだって痛いほど感じましたしね。『フェア』ってのが大事だと思ったんです」

まさにフェアに戦うために。確かにべべは体幹が利く。しかし、それは文字通り、血のにじむようなトレーニングの成果でようやく手に入れたものだ。車いすフェンシングのルールでは、片方の手で車いすを支えても良いことになっている。ただし、義手で支えることは不可。よって、両腕とも義手であるべべは、常に支えがない状態で戦うことになる。バランスをとりながら素早い動きをコントロールする役目を、体幹が担う。

「カテゴリーBは、実際には私よりも恵まれた体の選手と戦うことも多くて、そのスピードについていかなければならない。そのため、体幹を集中的にトレーニングするの」

この言葉通り、医師、トレーナー、コーチ、それぞれの意見を取り入れながら、コアトレーニングを重視したメニューを組み立てている。よりハードな練習に耐えるため、そしてフェンシング特有のねじれの動きや義手の使用で偏った筋肉がつきやすい体のために、姿勢矯正にも力を入れている。合宿のときは、朝九時から練習を開始して約四時間、夕方まで休憩してそこから三時間、ハードワークをこなす。

「ベーシックなトレーニングと、パフォーマンスを上げるためのトレーニングが功を奏している印象です」

太田雄貴は見解を加えてくれた。べべは、そうして蓄えた身体能力や技術を、試合で一気に爆発させるのだ。

「ここまで来ると、鍛え上げられた腹筋、背筋、腸腰筋といったべべの体幹は、彼女の強さを語る上で一つの要素にしかならない。べべの場合、優れた体幹に加えて、手の動きの正確さ、気持ちの強さがずば抜けています。すべては掛け算なんです。何か一つが強いから、試合で勝てるという単純なものではなくて、それぞれが機能して、勝ちを生んでいるんだと思います」

べべの身体性、技術、気迫。こうした一つ一つが重なりあって、コンマ〇秒といったフェンシングの試合の中で、勝利を自分のものとする。

「車いすフェンシングが好きなのは、前にしか行けないから」。この言葉が、彼女の生き方そのもののように感じる。

撮影スタッフが忘れられないシーンがある。イタリア代表チームでの稽古中のことだ。

「フェイントを使うんだ」

と話す監督に対し、べべは抗う。

「フェイントをする意味がわからない」

続けて、

「フェイントするくらいなら、いつもみたいにアタックするわ」。肘から先が無いので、縦に突くことしかできず、フェイクはできない。

しかし、実際には突進することで、相手を一瞬惑わし、隙を突く動きに成功している。「できているじゃないか。それがフェイントだ」。それでも「狙ってくるから逃げただけ。騙すなんてできない。そんな意図は無い」と食い下がるのだ。

## 成功の秘訣

二〇一七年春、ボローニャ郊外にある義肢センター。べべは、普段使用する義手よりも、細かな手作業にも対応できるロボット義手を試していた。従来のものは、独立した親指とそれ以外の四本指の開閉程度の動きだったが、ロボット義手は五本それぞれの指ごとの動きや、手首を曲げたりひねったりすることも可能にしてくれる。いくつかの動きのパターンをアプリで登録して連動させる仕組みで、肘を直角に曲げ、そこに連動した人差し指が微動したら肘先の動きで指示を出す。この動き、簡単に見えてそうはいかない。一定の強さでセンサーに働きかけなければ、思ったような動きにならないのだ。トレーニング二日目のこと。義肢センターの担当者は、べべに伝える。

「焦らなくて大丈夫。今日で完璧にする必要はないわ」

自然な動きをマスターするには数日間では不可能だ。約半年をかけて自分のものとしてゆく人が多いという。しかし、べべはこの日、自身のメイクに挑戦した。鏡の前に座り、リキッドアイライナーの蓋を回して開け、まぶたのキワに線を引くという細かな動きをやってのけた。次にマスカラを手に取った。不意に落としてしまった。スタッフが手を差し伸べようとした。

「触らないで！」

自らかがんで、ゆっくりと拾いあげた。

「いきなりあんなに自然にメイクができるとは、べべは規格外です。義手が助けたとはいえ、彼女の努力の賜物です」。義手のメーカー担当者ヴァレンティーナ・バルケッロも、驚きを隠さなかった。同時にヴァレンティーナはべべが成功させていく秘訣に気がついて

いた。「べべは、何かをするときさまざまなアプローチの仕方について最初に考えていま
す。思った通りの解決策が見つからなければ、最良の結果を得るために彼女はさまざまな
選択肢を探索しようとするんです」

画一的な考えに収まらず、多様なアプローチを思考する。そして決断を下したら、その道を行く。普段のべべは、車いすには決して乗らない。義足を装着し、自らの足で歩き、時に走ることもある。病気のことがあってから、べべの自宅にはエレベーターが設置された。しかし、べべが乗ることはない。エレベーターは現在、出張用の大きな荷物を運ぶのに活躍している。

## ありのままのべべを描く

リオパラの翌年二〇一七年五月、べべはイベントと撮影のために来日している。東京観光に案内したWOWOWの太田はこれまで数多くのパラリンピアンを撮影し、プライベートでも交流を重ねて来たが、それでもべべを「これまでに見たことのない人」と言う。

「べべ、チケット買うからここでちょっと待っててね」

「ヤダ！」

「すぐ終わるからさ」

「ううん、そこらへん歩いてくる！」

待つことが嫌いで、義足をつけた足で一人、スタスタと歩いていってしまう。急に立ち止まったと思えば、街中で義手を外してアイフォーンを取り出し、写真や動画を撮り始めるのだ。あからさま、ではなくごく自然に、べべは周囲の目を気にせずに義手を外す。彼女は、食事中も黙ってはいない。プライベートの生活のことや勉強、フェンシングについても、なんでも明るく喋る、喋る、喋る。気が付けばまたアイフォーンを取り出して、WOWOWスタッフの動画を撮ると、そのまま彼女のインスタグラムのストーリーにアップしてしまう。逆に撮影されて世界中のべべのフォロワーに晒《さら》されたスタッフの姿がそこにはあった。

この天衣無縫の振る舞いは誰に対しても同じであった。リオパラリンピックの後、金メダリストとして米国ホワイトハウスに招待された。ホワイトハウスでも、いつものべべだった。「オバマさん、ちょっと撮って」と、アイフォーンを大統領に手渡して、シャッターを押させた。彼女のインスタグラムには、セルフィーで撮影されたオバマ元大統領とのツーショットが上げられている。「忖度」も「駆け引き」も「おもねり」も無い。

現在、彼女のインスタグラムのフォロワーは、七〇万人を超える。一日で一〇個も二〇個もストーリーを上げたり、友人とのプライベートのパーティの様子をアップしたりすることもある。「べべの感覚は、いわゆる今どきの若者ですね。ともすると遊んでいると思

われがちだけれど、強さを裏付けるようなトレーニングをものすごく積み重ねていますよ」（WOWOW太田）

撮る側と撮られる側の関係で言えば、撮影スタッフに対しても、べべは大きな影響を与えた。これまでのキャリアの中で、様々な交渉のノウハウを心得てきた制作プロデューサーの大野とて、「障がい者スポーツに対する壁はあったと思います」。そう心の内を話してくれた。

その障壁を破るきっかけとなったのは、『WHO I AM』シーズン1に登場した、パラリンピック男子水泳ブラジル代表、ダニエル・ディアスとの出会いだった。「競泳界の金メダルコレクター」とも呼ばれるダニエル・ディアスは、先天性の四肢奇形の選手である。

両手、片足のない選手をいざ前にして、どう接していいのか分からなかった。「この企画の

概要を、どのような温度感で話したら良いのか。下から行くのも変ですし。すぐ隣にいるダニエルに、身振り手振りで、『ＷＨＯ　Ｉ　ＡＭ』とはなんぞや、という話をしていました。たった数分のことだったと思うんですけど、大汗をかきました。でも、向こうのほうがよく物が見えているんでしょうね。途中で、すっと、何かシンクロできた気がしたんです」

高尚な理念を並べ立てることも、変にへりくだることも必要ない。想いをありのままにぶつければきっと伝わるものはある。この経験が活きた。べべの取材を始めるにあたり、大野は本人にこう伝えた。

「最初に構成シナリオありきじゃない〝ベアトリーチェ・ヴィオ〟のストーリーを描きたい。二〇歳のあなたが今どんなことを考えていて、どんな未来を描こうと思っているのか。それを知りたいんだ」

べべにすればそれは望むところだった。否、この姿勢でなければロケは失敗しただろう。インタビューが始まり、撮影スタッフが髄膜炎を発症した当時のことについて、本人に話を振ったときのことだ。べべは「はい、他の人とおんなじー！」と言い放った。「どうせ視聴者を泣かせたいだけでしょ」

カメラは止まったが、これでスタッフの決意も固まった。

「手を切って足を切ったけれど、今最高の人生を送っていると心の底から思っている、ということがこの言葉からもはっきりと分かりました」（ＷＯＷＯＷ太田）

ディレクターの中島はこう振り返った。「彼女を撮るにあたって、描かないこと、作り込まないことを心掛けました。べべはそのままで魅力的だから、それを見ていればいいものができる。会ってみて、そう確信したんです」

中島は「『病気のことは聞かないで、あとお母さんのことも』と言われて、僕らが取材する中で病気のことを暗く辛く描くのは違う、と感じた」。そして、病気の描写をアニメーションにした。

「それは暗い〝感動ポルノ〟を作るのが嫌だったからなんだ。撮影を全部終えてから編集をするのが、自分のスタイル。撮影しながら変な意思を入れていたら、本当のべべを見られなくなっちゃうから」

## 勝った負けたの話はしたくない

『WHO I AM』の中で、べべの病気についての話は、自宅での母テレサのインタビューという形で描かれている。ただ、髄膜炎を発症し手術に至るまでのインタビューの映像には、先述したように、実写ではなく、ソフトな線で描かれたアニメーションを被せてある。重苦しく辛い内容も、ウエットを排して見る人の心にすんなりと届くような仕上がりだ。しかし、中島ディレクターからアニメーションの案を持ち出された当初は、制作チームの中から懐疑的な意見も挙がった。スポーツや闘病を描くドキュメンタリー作品にアニメーションを取り入れる手法は、そう多くない。唐突な絵変わりは、時に視聴者の没入感を奪うからだ。アニメーションを追うことに意識が集中し、大事な字幕の情報が逃げる、というリスクもある。中島は、太田にこう説明した。

「べべは、病気のことや手足を切断したことを悲しい話だと思ってないんです。『そのユニークな腕で何を摑みたい？』みたいな質問をしたときに『うーん、三種類の腕があるからね。フェンシングの腕、ロボットの腕、普通の義手、三種類の腕で違ったものが摑めるよね。どの腕も好きなの』って答えてくれました。だからこそ、病気を語るシーンに字幕でつらつらと『髄膜炎』だとか、『足を切断した』『熱が下がらない』といった重たい文字が並ぶ映像を想像できない」

二人は、視聴者がストレスを感じることなく映像に身を委ねられるように留意しながら、アニメーションのコマと字幕スピードの細やかな調整を重ねた。

結果として、こうしたアニメーションの演出もべべの人となりを表現するための大きな役割を果たしていると言える。取材対象は、軽やかに言った。

「お涙ちょうだいは、大っ嫌い。それは本当の私じゃない」

企画当初、制作チームの中ではリオパラリンピックに次ぐ規模である二〇一七年秋の世界選手権をゴールとして構成するつもりだった。パラリンピック初出場で金メダルを獲得したベベが出場するイタリア開催の大会とあって、イタリア国内でも多くの注目を浴びていた。しかし、中島の口から出たのはこんな言葉だった。

「最後の世界選手権、いらないいっす」

「ベベはきっと（世界選手権に）出れば勝つ。でも勝つか負けるかなんて、僕らメディア側の勝手な都合でしかない。そんな見せ方は、彼女には似合わない」

日本で待つ制作チームはそれを聞いて戸惑った。しかし、その意図を理解するのにそう時間はかからなかった。

中島は、さらに畳み掛ける。

「試合に勝つか負けるかという、小さなことではなくて、人の価値観を変えたり世界を変えたりという、彼女の頭の中をちゃんと形にしてあげたい。だから、世界選手権で勝った、負けたの話にするのはやめましょう」

太田も泉も同意した。

「『WHO I AM』とは、そういうことだ。それでいこう」

取材対象者と接し、撮影が進む中での予定変更や構成を練り直すといったことは、もちろんよくある。しかし金メダルを獲ったアスリートの次なる大きな試合を撮らないという、方針変更に〝踏み切らされて〟しまったのだ。ベベがフェンシングに向き合う姿勢や描く未来が、メディア側の想像をはるかに超えた大きなものであると、誰もが感じていた。

## アート4スポーツ

中島が世界選手権の優勝という結果よりも、べべの本質として描こうとした「人の価値観を変えたり世界を変えたりという、彼女の頭の中」とは具体的には何であったのか。

それには背景から、もう一度振り返る必要がある。べべはこんなことをよく言う。「誰も、一人では勝つことはできない。生活を取り囲む家族や友人、スポーツ、仕事などのすべてにおいて誰かを必要としている」

べべが両手両足を切断した当時、べべの両親は義手の手配の仕方も分からなければ国からのサポートを期待することもできなかったという。

「ならば、これからの子供たちのために自分たちで動こう」

ルジェロとテレサは立ち上がった。障がいのある子供たちも、スポーツを楽しめる団体「アート4（フォー）スポーツ」を自らの手で設立したのだ。娘のためだけでなく、同じように障がいのある子供たちのために動き出したのだ。二人は、人を集め、つながりを作り、切断手術や病気など、障がいのある子供やその家族に、必要な情報や器具を提供するシステムを作りあげた。べべ一人から始まった団体に、現在は二〇名を超える選手が所属している。二〇一七年夏、リオパラ金メダリストのべべが旗振り役となり、ローマのオリンピックスタジアムのサブトラックで行われた「アート4スポーツ」のイベントは、障がい者も健常者もひとつになったスポーツの祭典となった。中島のカメラは、リレー競走で夢中ではしゃぐべべの飛び切りの笑顔を捉えている。この取り組みを行う理由についてルジェロは言う。

「切断手術を受けた子供にスポーツができる環境を提供し、前を向いてもらうこと。ただ他の子と遊ぶだけでもいい」

べべは子供たちにメッセージを伝え続ける。

「障がいを恥じないで。欠けていることは悪くない。人と違うだけ」。そしてこんなことを言った。「子供の可能性を潰すのは多くは家族。やりたいことを勉強させるのではなくて、どこに就職できるかで進学なんかを決めてしまう。自分を信じることがすべて。私は人が諦めているのを見るのは大嫌い。私は子供たちの背中を押してあげなきゃって思うわ」

腕の切断手術の後、アートを勧めたテレサにべべは尋ねた。

「腕なしで何ができるの?」

と聞いた。母は答えた。

「アートは頭の中にあるから心配しないで。口や足で描く人もいる」

べべは即答した。

「やってみる！」

ブラシやペンを腕の付け根に固定し、絵や書き物、勉強にとチャレンジを繰り返した。

高校を卒業したベベは、二〇一七年から国内の「ファブリカ」というアートスクールに通っていた。ファブリカは、一九九四年にベネトングループの創設者により設立された。数世紀前の邸宅をリノベーションし、新たな建物部分は建築家・安藤忠雄氏が手がけた。広大な敷地にあり、世界に向けてアートを通して様々な活動を発信している。ベベはここで、アートやデザイン、イタリアの伝統工芸のほか、社会問題などを世界から集まる生徒たちとともに学んだ。フェンシングは生活の一部であり、メダリストとしての重圧やメディアからの注目にのみ込まれることはない。そんな生き様は、トップ選手として周囲から期待されがちな「メダル一直線的な生き方」とは一線を画している。

## 夢

「障がい者への偏見と、パラリンピックへの偏見を壊したいの」

広い視野のビジョンを掲げるベベのこうした考え方には、当然ながら「アート4スポーツ」をゼロから立ち上げた両親の影響が大きい。障がい者への偏見や差別がまだまだ根強い中で闘い続ける父と母の背中を、ベベはずっと見てきた。

密着を続けた中島ディレクターは、気持ちが熱いべべは一方で、己を客観視していると も言う。「両親の活動をすぐそばで見てきた彼女は、障がいがあってもなくても、どんな人も活躍の場が得られるということを目の当たりにしてきたんでしょうね。べべはそれを誰よりも、身をもって経験してきている。そしてべべは人前に立つことに関して、その引力が自分にある、と感じているんだと思います。勝つ、と決めたら勝ちたい。やる、と決めたらやりたい。彼女はとてもシンプルに考えていると思います」

人を惹きつける強烈な引力。しかし、それもまた諸刃の剣でリスクも大きい。二〇一七年二月にこんなことが報じられた。べべの四肢切断部分に関してセクシャルな表現をインターネットを通じて発信する匿名の人間が現れた。べべを名指しして「切断したパーツがセクシーだ」というような性的嫌がらせをフェイスブック上で拡散し続けたのだ。明らかな障がい者へイトだった。卑劣な中傷に我慢できず、べべは法的措置を講じた。日刊紙レプブリカの記者にこう伝えた。「フェイスブックに（自分を中傷する）ページを作った人たちを相手に、苦情を申し立てました。毅然とした対応が必要です。くやしいです。ずっとほかのみんなのために闘ってきたのに、インターネット上で私を傷つけても平気な人がいるかと思うと、とても残念で悲しい」

申し立てを受けたフェイスブック社もセクハラを続けたページを削除し、犯人を特定する法的手続きに入った。

べべの対応はそれだけではなかった。名前や職業を隠し、暗闇の中から差別を続ける卑劣な人物に向かってネット上でも堂々と発言したのである。報道番組のようなスタジオセットの中で、べべはキャスターに扮した。そしてカメラに向かって「このような表現は不快で、迷惑している」という旨のメッセージをまるでニュース番組のようにろうろうと読み上げた。この動画をSNSで配信したのだ。抗議の仕方もセンスとウィットに富んでいて、意志もある。WOWOW太田は、そんな姿にほとほと舌を巻いた。

「べべは、もはや時代を作るアイコン的存在ですよ。彼女本人を前にして接するとイタリアにいるパラリンピアン、車いすのフェンサー、そういった括りは意味をなさないような気がするんです」

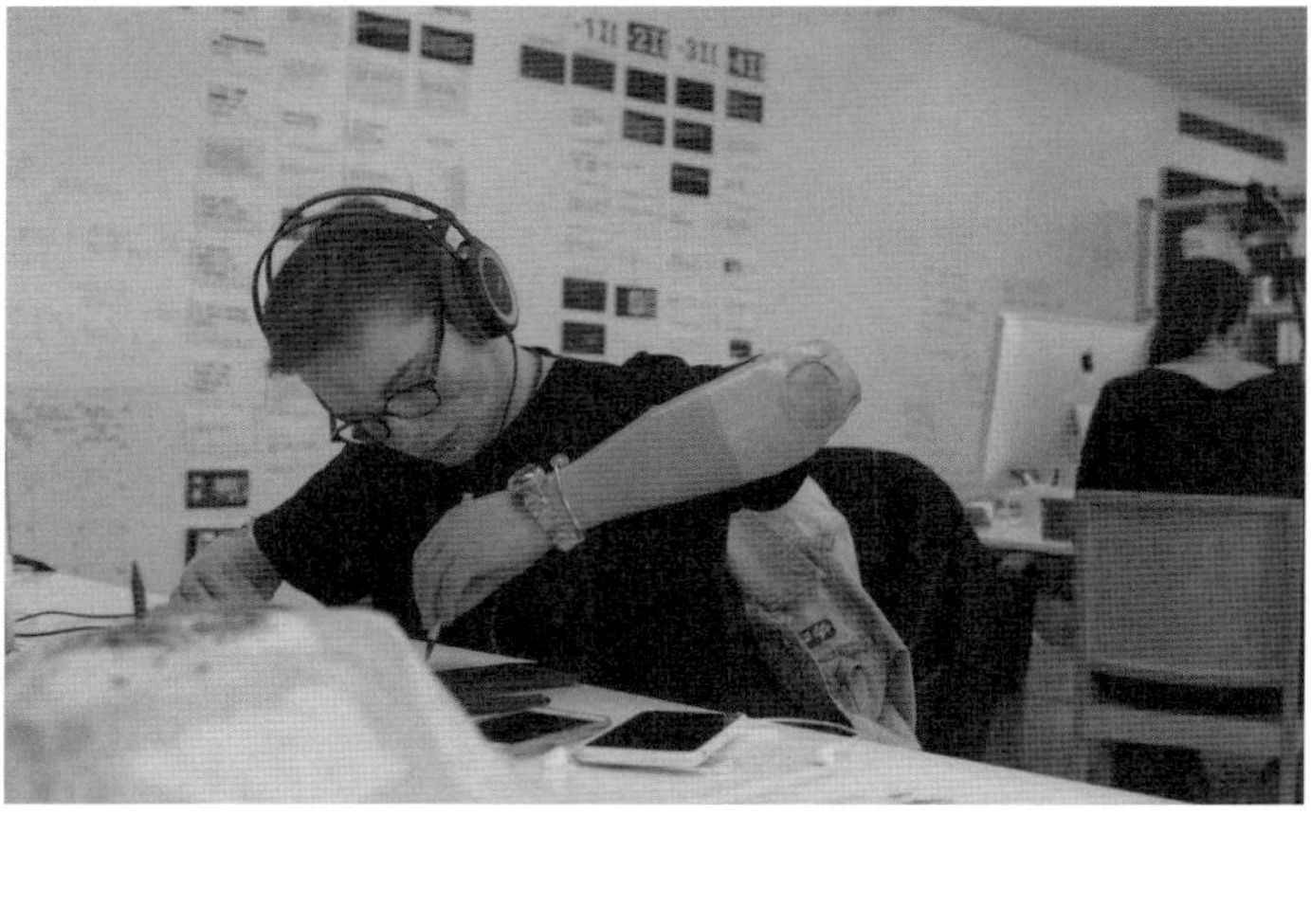

すでにベベには金メダリストになる以上に大きな夢があった。二〇二四年にイタリアパラリンピック委員会の会長に就任することである。それだけではない。二〇二八年にはイタリアオリンピック委員会の会長に就くというのだ。

父のルジェロはもはや、大したことではないという感じで言った。「ベベはそこでオリとパラを統合するのです。彼女はそのことによって差別と偏見を無くしたいのです。すでに現在の会長二人はこれを知っていますよ。ベベの決意の固さに驚きます」

日本フェンシング協会の会長に就任している太田雄貴は言う。「ＩＦ（競技団体）をやっていて思うのは、何か抜本的な改革をやらないと生き抜いていけないということ。どれだけスポーツ以外の人とつながっていけるか。音楽、アート、テクノロジー……」

剣さばきが速い上、選手の間に置かれた電子審判器は小さく会場から見えづらいことから、選手がガッツポーズをして初めて勝敗が分かる、とも揶揄されていたフェンシングの試合模様を、太田はピスト（試合場）の下にＬＥＤライトを入れて技が決まると同時に点灯させて、初心者にも一目で分かる仕掛けを試みている。さらに観客が場内ラジオで解説を聴けるようにするなどフェンシングにエンターテインメント性を加味した。そんな太田が言う。

「ベベは（国際オリンピック委員会の会長に就任）できると思います。あんなに明るくて、曇りなくて、そんな完璧な眼差しで俺を見ないでくれって（笑）」

**（参考文献）**

『「奇跡」は準備されている　何が日本のフェンシングを変えたのか！』二〇一四年五月　オレグ・マツエイチュク／講談社

**ベアトリーチェ・ヴィオ**

愛称はベベ。５歳でフェンシングを始めるが、２００８年に重い髄膜炎を患い四肢を切断。車いすを固定した状態で競技を行う以外は、一般のフェンシングと同じ剣や防具を使う車いすフェンシングに転向した彼女は、パラリンピックデビューとなった２０１６年のリオ大会で、圧倒的な強さで金メダルを獲得した。

**木村 元彦**（きむら・ゆきひこ）
ノンフィクションライター。『オシムの言葉』でミズノスポーツライター賞最優秀賞受賞。

**大泉 実成**（おおいずみ・みつなり）
ノンフィクションライター。『説得　エホバの証人と輸血拒否事件』で講談社ノンフィクション賞受賞。

**黒川 祥子**（くろかわ・しょうこ）
ノンフィクションライター。『誕生日を知らない女の子　虐待――その後の子どもたち』で、開高健ノンフィクション賞受賞。

**八木 由希乃**（やぎ・ゆきの）
化粧品会社に勤務後、女性誌のライターへ。フリー転身後はノンフィクション・美容を中心に取材、執筆。

**吉田 直人**（よしだ・なおと）
１９８９年、千葉県生まれ。中央大学卒業後、広告会社勤務を経て、フリーライターとして活動中。

WHO《フー》 I《アイ》 AM《アム》 パラリンピアンたちの肖像《しょうぞう》

二〇一九年八月三一日　第一刷発行

著　者　木村元彦《きむらゆきひこ》・編著
WOWOW「WHO I AM」プロジェクト
大泉実成　黒川祥子　八木由希乃　吉田直人

発行者　茨木政彦
発行所　株式会社　集英社
〒一〇一‐八〇五〇
東京都千代田区一ツ橋二‐五‐一〇
電　話　編集部　〇三‐三二三〇‐六三九一
読者係　〇三‐三二三〇‐六〇八〇
販売部　〇三‐三二三〇‐六三九三（書店専用）

装　幀　伊藤明彦（iDept.）
印刷所　大日本印刷株式会社
製本所　加藤製本株式会社

定価はカバーに表示してあります。

ISBN 978-4-08-789012-9　C0075